信息化时代财务管理体系建设研究

张树忠　郭　巍　肖　瑜　著

中国建材工业出版社
北　京

图书在版编目(CIP)数据

信息化时代财务管理体系建设研究/张树忠,郭巍,
肖瑜著.--北京:中国建材工业出版社,2024.6.
ISBN 978-7-5160-4188-8
Ⅰ. F275-39
中国国家版本馆 CIP 数据核字第 2024Q69C61 号

信息化时代财务管理体系建设研究
Xinxihua Shidai Caiwu Guanli Tixi Jianshe Yanjiu
张树忠　郭　巍　肖　瑜　著

出版发行:中国建材工业出版社
地　　址:北京市海淀区三里河路 1 号
邮　　编:100044
经　　销:全国各地新华书店
印　　刷:北京传奇佳彩数码印刷有限公司
开　　本:787mm×1092mm　1/16
印　　张:11
字　　数:146 千字
版　　次:2025 年 1 月第 1 版
印　　次:2025 年 1 月第 1 次
定　　价:65.00 元

本社网址:wwwjccbscom,微信公众号:zgjcgycbs

前　言

随着我国经济的高速发展和科学技术的革新进步，各行各业的发展越来越离不开信息化的支持，人们也越来越关注信息技术在企业财务管理中的应用，对财务信息化管理也有了更为理性的认识。依托于信息技术创新的财务管理模式，以及管理会计信息化的深入推进，使企业不仅可以提高财务工作效率，更能够提升财务管理、控制和决策的能力。企业管理会计将财务管理的基本实务操作与信息化系统结合，能够极大地节约企业的物力和人力，并进一步提高财务管理的科学性。因此，企业需要紧跟时代步伐，提升财务的信息化管理水平，通过先进的软硬件设备辅助财务流程及制度的落实，进而实现财务管理的现代化。

本书属于财务管理方面的书籍，内容包括财务管理的基础理论、企业管理与财务管理、新时代背景下财务管理的意义、财务管理信息化发展的基本概述、“互联网＋”时代财务管理创新发展、“互联网＋”时代财务管理战略模式的创新、财务管理信息化的构建策略、企业财务管理信息化制度建设、财务管理信息化的应用分析。希望本书能够为信息时代的财务管理研究提供参考，能够为该领域的研究提供一种新的思路。

目前，信息化财务管理在我国仍处于初始的发展阶段，对其进行的理论与实践研究仍然有待深入。笔者在汲取了其他专家学者研究成果的基础上，根据自己多年的财务实践经验，最终著成本书。由于信息技术的发展十分迅速，本书难免存在不足之处，恳请广大读者批评指正。

目录

第一章　财务管理的理论基础

第一节　财务管理的概念

一、财务管理的定义

财务管理是指按照一定的原则，运用特定的量化分析方法，从价值量角度出发，组织企业的财务活动，处理企业财务关系的一项经济管理工作，是企业管理的重要组成部分。为准确把握财务管理的概念，必须先了解企业所从事的财务活动以及由此而产生的财务关系。

二、企业财务活动

企业财务活动是指以现金收支为主的企业资金收支活动的总称。企业的资金收支活动汇集了企业所有的生产经营活动的内容和实质，直观表现为资金的流入和流出，由资金的筹集、投放、使用、收回和分配等一系列活动所构成，企业的财务活动主要包括以下四个方面。

(一)筹资活动

在商品经济条件下，任何经济实体从事生产经营活动的前提是要拥有一定数量的资金并能够对其进行自主的支配和运用。企业取得资金以及由此而产生的一系列经济活动就构成了企业的筹资活动。具体表现为当企业借助于发行股票、发行债券、吸收直接投资等方式筹集资金时，会引发资金流入企业，此为资金流入；当企业在筹资时支付各种筹资费用，向投资者支付股利，向债权人支付债务利息以及到期偿还债务本金时，会引发资金流出企业，此为资金流出。这些因筹集资金而引发的各种资金收支活动就是筹资活动。

（二）投资活动

通过各种方式筹集大量的资金并非企业经营的最终目的。企业筹集资金后所面临的问题是如何合理地运用资金以谋求最大的经济利益，增加企业的价值。企业对资金的运用包含两个方面，将资金投放于长期资产或短期资产。将资金运用在长期资产上称为投资活动，将资金运用在短期资产上进行周转称为资金营运活动。

企业的投资活动可以分为广义的投资活动和狭义的投资活动。狭义的投资活动仅指对外投资，包括对外股权性投资和债权性投资两种。广义的投资活动不仅包括对外投资还包括对内投资，具体表现为对内固定资产投资、对内无形资产投资等。当企业将筹集到的资金用以购买各种长期资产或者有价证券时，会引发资金流出企业；当企业将长期资产处置或将有价证券转让收回投资时，会引发资金流入企业。上述因资金的投放而引发的资金收支活动就是投资活动。

企业的筹资和投资活动之间不是孤立的，而是相互依存、辩证统一的，筹资活动是投资活动的前提，没有筹资活动，投资活动就将失去资金基础。投资活动是筹资活动的目的，是筹资活动经济效益得以实现的保障，没有投资活动，筹资活动将失去意义。

（三）资金营运活动

企业短期资金的周转是伴随着日常生产经营循环实现的。具体表现为，企业运用资金采购材料物资并由劳动工人对其进行加工，直至将其加工成可供销售的商品，同时向劳动者支付劳务报酬以及各种期间费用。

当企业用资金来偿付这些料工费的消耗时会使资金流出企业，最终企业通过销售、货款结算将商品销售出去并实现资金的回笼，从而使资金流入企业。在此过程中，若企业出现临时的资金短缺无法满足经营开支时，还可以借助举借短期债务的方式筹集流动资金，同样也会使资金流入企业。如上所述，因企业的日常经营活动而引起的各种资金收支活动就是资金营运活动。

（四）利润分配活动

企业在经营过程中会取得利润，也可能会因对外投资而获得投资收益，这表明企业实现了资金的增值或取得了投资收益。企业的利润要按规定的程序进行分配。首先，要依法纳税；其次，要用来弥补亏损，提取盈余公积金、公益金；最后，要向投资者分配利润。这种因获得利润并对其进行分配而引起的各种资金收支活动就是利润分配活动。

上述四项财务活动并非孤立、互不相关的，而是相互依存、相互制约的。正是这些相互联系又有一定区别的四个方面，构成了完整的企业财务活动，这四个方面就是财务管理的基本内容，即企业筹资管理、企业投资管理、资金营运管理和利润分配管理。

三、企业财务关系

企业财务关系是指企业在组织财务活动过程中与各有关方面所发生的经济利益关系。在企业进行筹资、投资、营运及利润分配等财务活动时，因交易双方在经济活动中所处的地位不同，各自拥有的权利、承担的义务和追求经济利益内容的不同而形成各种各样、各具特色、不同性质的关系，可以概括为以下七个方面。

（一）企业与投资者之间的财务关系

企业接受投资者投资形成企业的主权资金，企业将税后利润按照一定的分配标准分配给投资者作为投资者的投资回报；投资者将资金投入企业，获得对企业资产的所有权，从而参与企业的生产经营运作，并有权按持有的权益份额从税后利润中获取投资报酬。企业与投资者之间的财务关系体现为所有权性质上的经营权与所有权关系,也可以说是所有权性质上的受资与投资关系。

(二)企业与被投资者之间的财务关系

企业可以将生产经营中闲置下来的、游离于生产过程以外的资金投放到其他企业,形成对外股权性投资。随着经济一体化的不断深入,企业间横向联合的开展,使企业间资金的横向流动日益增多。企业向外单位投资应当按照合同、协议的规定,按时、足额地履行出资义务,以取得相应的股份,从而参与被投资企业的利润分配。被投资企业受资后须按照取得的税后利润和规定的分配方案将收益在不同投资者之间进行分配。企业与被投资单位之间的财务关系属于所有权性质上的投资与受资关系。

(三)企业与债权人之间的财务关系

企业向债权人借入资金形成企业的债务资金,企业按照借款协议或合同中的约定按时向债权人支付利息作为对债权人出资的回报,并到期偿还债务本金;债权人按照合同中的约定及时将资金借给企业,成为企业的债权人,有权按合同、协议的约定取得利息和本金的清偿。债权人的出资回报来源于税前利润,投资者的出资回报来源于税后利润,其数额并未在投资时确定下来,而是取决于企业税后利润的多寡以及企业利润分配的比例。企业与债权人之间的财务关系属于债务与债权关系。

(四)企业与债务人之间的财务关系

企业不仅可以向债权人借入资金,形成资金来源,同样也可以将资金通过购买债券、提供借款或商业信誉等形式借给其他利益相关群体,企业将资金出借后,有权要求债务人按照约定的条件偿付本息。企业与这些利益相关群体间形成的财务关系表现为债权与债务关系。

(五)企业与内部职工之间的财务关系

企业与内部职工之间通过签订劳务合同形成一定的财务关系。主要表现为，企业接受职工提供的劳务并从营业所得中按照一定的标准向职工支付工资、奖金、津贴、养老保险、失业保险、医疗保险、住房公积金等。此外，企业还可以根据自身业务拓展的需要，为职工提供学习、培训的机会，提高职工的专业技能或管理水平，为企业创造更多的经济效益；职工按照合同约定为企业提供劳务，获得劳务报酬。这种企业与职工之间的财务关系属于劳动成果上的分配关系。

（六）企业内部各单位、各部门之间的财务关系

企业内部各单位、各部门在企业生产经营过程中所处的环节、职能、分工各不相同，在企业实行内部经济核算制和经营责任制的条件下，企业内部各单位、各部门都有相对独立的资金定额或可独立支配的费用限额，当企业内部各单位、各部门之间相互提供产品、劳务时，对交易的客体，也就是劳务产品要进行计价并结算。此外，企业内部各单位、各部门与企业财务部门会发生诸如借款、报销、代收、代付等经济活动。在此意义上，其内部各单位、各部门之间会建立一定的财务关系，这种财务关系属于企业内部的资金结算关系，体现了企业内部各单位、各部门之间的利益关系。

（七）企业与税务机关之间的财务关系

企业从事生产经营活动所取得的各项收入要按照税法的规定依法纳税，并由此形成与国家税务机关之间的财务关系。任何企业都有依法纳税的义务，以保证国家财政收入的实现，满足社会公共需要。因此，企业与国家税务机关之间的财务关系体现为企业在妥善安排税收战略筹划的基础上依法纳税和依法征税的关系。

四、财务管理的特点

企业的生产经营活动错综复杂，决定了企业管理活动包括生产经营活动方方面面的内容，具体包括生产管理、人力资源管理、设备管理、销售管理、物业管理、财务管理等。各项管理工作相互联系、紧密配合，同时在科学分工的基础上又有着各自独特的特点，每项管理工作都与财务管理

有着密切联系。财务管理的特点主要表现在以下四个方面。

(一)财务管理是一种价值管理

企业管理在实行分工、分权管理的过程中形成了一系列专业管理活动,这些管理活动各有其侧重点,有的侧重使用价值的管理,有的侧重价值的管理,有的侧重劳动要素的管理,有的侧重信息的管理等。其中财务管理是针对企业的资金运动及其形成的财务关系所进行的管理,是从价值角度对企业的经营活动进行的管理。由此可见,财务管理区别于其他管理活动的最显著的特点在于它是一种价值管理。

(二)财务管理是一项综合性的管理工作

财务管理工作是通过价值形式,对企业的各种经济资源、生产经营过程、战略发展方向和生产经营成果进行合理地配置、规划、协调和控制,提高企业经营效率并制定适应企业生产经营特色的财务政策,提高企业的经济效益,使企业所有者财富不断增加。因此,财务管理既是企业管理的一个独立方面,又是一项综合性的管理工作。

(三)财务管理与企业各方面的管理工作具有广泛的联系

财务管理是组织财务活动,处理财务关系的一项综合性的管理活动,财务管理的对象是企业的各项财务活动,以及由此引发的各种财务关系。因此在企业的生产经营过程中,一切涉及资金收支的活动都与财务管理有关。而在企业管理实务中,企业内部各职能部门的运营活动都或多或少涉及资金的收支。主要表现在各职能部门会因使用资金而与财务部门产生联系;财务部门要对各职能部门的财务收支进行预算、监督,确保各部门合理地使用资金、节约资金占用、提高资金使用效率。因此财务管理工作会与企业管理的各个方面产生广泛的联系。

(四)财务管理能够迅速反映企业生产经营状况

在企业进行财务管理的过程中,通过计划、组织、协调和控制对企业各方面的财务活动进行管理,在制定了适宜的财务政策后实施决策,同时在财务计划过程中为财务决策的实施奠定了评价、分析基础。因此，在企业管理过程中决策是否合理、经营是否适当、技术是否有优势、产销是否顺畅等都可以快速地借助于财务分析指标及选定的比较标准来进行衡量、评价，反映企业生产经营的实际状况和取得的财务成果。为此，财务部门应通过财务报表分析及时向企业的管理层报送有关财务分析指标的变化情况，以使决策层及时掌握企业各方面经营运转状况和财务成果，努力实现财务管理目标。

第二节　财务管理的目标

由系统论可知，正确的目标是系统良性循环的前提条件，企业财务管理的目标对企业管理系统的运行也具有同样的意义。为此，应该明确财务管理的目标。

一、财务管理目标的概念

企业财务管理目标是指为了完成企业管理对财务管理提出的要求，在企业理财过程中实现事先拟定的希望实现的结果。它是在特定的理财环境中，通过组织财务活动、处理财务关系所要达到的根本目的。理财目标是衡量财务管理过程是否有效的最终标准。企业财务管理目标具有以下特征：

（一）财务管理目标具有相对稳定性

随着宏观经济体制和企业经营方式的变化，随着人们认识的发展和深化，财务管理目标也可能发生变化。但是，宏观经济体制和企业经营方式的变化是渐进的，只有发展到一定阶段以后才会产生质变；人们的认识在达到一个新的高度以后，也需要有一个达成共识、为人所普遍接受的过程。因此，财务管理目标作为人们对客观规律性的一种概括，总的说来是相对稳定的。

（二）财务管理目标具有可操作性

财务管理目标是实行财务目标管理的前提，它要能够起到组织动员的作用，要能够据以制定经济指标并进行分解，实现职工的自我控制，进行科学的绩效考评，这样，财务管理目标就必须具有可操作性，拥有可以计量，可以追溯，可以控制的特点。

（三）财务管理目标具有层次性

财务管理目标是企业财务管理这个系统顺利运行的前提条件，同时它本身也是一个系统。各种各样的理财目标构成了一个网络，这个网络反映着各个目标之间的内在联系。财务管理目标的层次性，是由企业财务管理内容和方法的多样性以及它们相互关系上的层次性决定的。

由于企业所处的宏观经济环境不同，企业管理目标的衡量标准不同，企业管理的价值取向不同，企业财务管理目标也表现出了不同的内容。

二、以利润最大化为目标

利润最大化是西方微观经济学的理论基础，西方经济学家往往以利润最大化这一标准来分析和评价企业的行为和业绩。他们认为，利润代表企业新创造的价值，利润越多则说明企业的价值积累越多，越接近企业的管理目标。

以利润最大化作为理财目标的原因有三点：

（1）从全社会角度看，人类从事生产经营的目的是创造更多的财富，企业生产更多的剩余产品用来满足消费者的消费需求。在经济领域中，用来衡量剩余产品数量多少的价值指标是利润额。

（2）在自由竞争的资本市场中，一定量资本的最终使用权归使用效率最好的企业，即获利最多的企业。

（3）利润是企业补充资本，扩大生产经营规模的资金源泉，利润越多，企业的自我积累能力越强，越具有竞争实力。

从上述原因可知，以利润最大化作为理财目标在一定条件下对社会经济发展、企业管理目标的实现具有一定的积极意义，但利润最大化目标在实践应用中也暴露出许多缺点：

（1）没有考虑利润实现的时间，没有考虑项目收益的时间价值。例如有A、B两个投资项目，其利润都是10万元，如果不考虑资金的时间价值，则无法判断哪一个更符合企业的目标。但如果说A项目的10万元是去年赚取的，而B项目的10万元是今年赚取的，显然对于相同的现金流入来说，A项目的获利时间较早，也更具有价值。

（2）没有考虑风险问题。高风险往往伴随着高利润，如果为了利润最大化而选择高风险的投资项目，或进行过度的借贷，企业的经营风险和财务风险就会大大提高。

（3）没有考虑利润和投入资本的关系。片面地追求利润最大化，可能会使企业在制定政策时过于重视近期利益忽视远期利益，引发决策上的短视行为，导致企业只关注短期利润最大化，忽视了企业的长远发展。

三、以每股收益最大化为目标

这种观点认为，在企业运营过程中，资金是稀缺的经济资源，所以在企业理财时还应重视对资金运营效率的管理，即应当把企业获取的利润与所有者（股东）投入的资本相联系，从而衍生出每股收益最大化的企业理财目标。每股收益最大化目标克服了利润最大化目标中的一个缺点，即考虑了所得与所费之间的比例关系，强调了资金运营效率，但是该理财目标中依然存在以下弊端：

（1）没有考虑到资金的时间价值；

（2）没有考虑取得利润时所承担的风险；

（3）不能避免决策上的“短视行为”。

四、以股东财富最大化为目标

股东财富最大化是指通过财务上的合理经营，为股东带来最多的财富。在股份经济条件下，股东财富由其所拥有的股票数量和股票市场价格两方面来决定，其中股票数量的多少取决于股东最初投入的资本数额，并不能体现出企业日后的经营为其带来的利益。因此，股东财富最大化也最终体现为股票价格。

股价的高低代表了投资大众对企业价值的客观评价。衡量股东财富大小的标准，每股价格的高低可以反映资本和获利之间的关系；它受每股盈余的影响，可以反映每股盈余大小和取得的时间；它受企业风险大小的影响，可以反映每股盈余的风险。

综上所述，与前两种财务管理目标相比，股东财富最大化有其显著的优点：

(1)概念清晰，股东财富最大化可以用股票市价来计量；

(2)考虑了资金的时间价值；

(3)科学地考虑了风险因素，因为风险的高低会对股票价格产生重要影响；

(4)股东财富最大化一定程度上能够克服企业在追求利润上的短期行为，因为不仅目前的利润会影响股票价格，预期未来的利润对企业股票价格也会产生重要影响；

(5)股东财富最大化目标比较容易量化，便于考核和奖惩。

但是，这一理财目标也有其缺点：

(1)它只适用于上市企业，很难适用于非上市企业。就中国现在国情而言，上市企业并不是中国企业的主体，因此在现实中，股东财富最大化尚不适于作为中国财务管理的目标。

(2)股东财富最大化要求金融市场是有效的。由于股票的分散和信息的不对称，经理人员为实现自身利益的最大化，有可能以损失股东的利益为代价做出逆向选择。

(3)股票价格除了受财务因素的影响之外，还受其他因素的影响，股票价格并不能准确反映企业的经营业绩。所以，股东财富最大化目标受到了理论界的质疑。

第三节　财务管理的环境

财务管理环境是指对企业财务活动和财务管理产生影响和作用的企业内外部的各种条件。通过环境分析,可以提高企业财务行为对环境的适应能力、应变能力和利用能力,以便更好地实现企业财务管理目标。

企业财务管理环境按其存在的空间,可分为内部财务环境和外部财务环境。内部财务环境主要包括企业资本实力、生产技术条件、经营管理水平和决策者素质四个方面。内部财务环境存在于企业内部,是企业可以从总体上采取一定的措施施加控制和改变的因素。而外部财务环境存在于企业外部,它们对企业财务行为的影响无论是有形的硬环境,还是无形的软环境,企业都难以控制和改变,更多的是适应和因势利导。因此本节主要介绍外部财务环境,影响企业外部财务环境有许多因素,其中最主要的有法律环境、经济环境和金融市场环境。

一、法律环境

财务管理的法律环境是指企业和外部发生经济关系时所应遵守的各种法律法规和规章。市场经济是一种法治经济,企业的一切经济活动总是在一定法律法规范围内进行的。一方面,法律提出了企业从事一切经济业务所必须遵守的规范,从而对企业的经济行为进行约束;另一方面,法律也为企业合法从事各项经济活动提供了保护。企业财务管理中应遵循的法律法规主要包括如下四类。

(一)企业组织法

企业是市场经济的主体,不同组织形式的企业所适用的法律不同。按照国际惯例,企业分为独资企业、合伙企业和公司制企业,各国均有相应的法律来规范这三类企业的行为。因此,不同组织形式的企业在进行财务管理时,必须熟悉其企业组织形式对财务管理的影响,从而做出相应的财务决策。

(二)税收法规

税法是税收法律制度的总称,是调整税收征纳关系的法规规范。与企业相关的税种主要有以下五种:

(1)所得税类:包括企业所得税、个人所得税。

(2)流转税类:包括增值税、消费税、营业税。

(3)资源税类:包括资源税、土地使用税、土地增值税。

(4)财产税类:财产税、房产税、城市房地产税、车船使用税。

(5)行为税类:印花税、屠宰税。

(三)财务法规

企业财务法规制度是规范企业财务活动,协调企业财务关系的法令文件。我国目前企业财务管理法规制度有企业财务通则、行业财务制度和企业内部财务制度三个层次。

(四)其他法规

其他法规有《中华人民共和国证券法》(简称《证券法》)《中华人民共和国票据法》《中华人民共和国银行法》等。

从整体上说,法律环境对企业财务管理的影响和制约主要表现在以下方面:

在筹资活动中,国家通过法律规定了筹资的最低规模和结构,如《中华人民共和国公司法》(简称《公司法》)规定股份有限公司的注册资本的最低限额为人民币1000万元,规定了筹资的前提条件和基本程序,如《公司法》就对公司发行债券和股票的条件做出了严格的规定。

在投资活动中,国家通过法律规定了投资的方式和条件,如《公司法》规定股份公司的发起人可以用货币资金出资,也可以用实物、工业产权、非专利技术、土地使用权作价出资,规定了投资的基本程序、投资方向和投资者的出资期限及违约责任,如企业进行证券投资必须按照《证券法》

所规定的程序来进行,企业投资必须符合国家的产业政策,符合公平竞争的原则。

在分配活动中,国家通过法律如《中华人民共和国税法》《公司法》《企业财务通则》及《企业财务制度》规定了企业成本开支的范围和标准,企业应缴纳的税种及计算方法,利润分配的前提条件、利润分配的去向、一般程序及重大比例。在生产经营活动中,国家规定的各项法律也会引起财务安排的变动,或者说在财务活动中必须予以考虑。

二、经济环境

财务管理作为一种微观管理活动,与其所处的经济管理体制、经济结构、经济发展状况、宏观经济调控政策等经济环境密切相关。

(一)经济管理体制

经济管理体制,是指在一定的社会制度下,生产关系的具体形式以及组织、管理和调节国民经济的体系、制度、方式和方法的总称,可以分为宏观经济管理体制和微观经济管理体制两类。宏观经济管理体制是指整个国家宏观经济的基本经济制度,而微观经济管理体制是指一国的企业体制及企业与政府、企业与所有者的关系。宏观经济管理体制对企业财务行为的影响主要体现在,企业必须服从和服务于宏观经济管理体制,在财务管理的目标、财务主体、财务管理的手段与方法等方面与宏观经济管理体制的要求相一致。微观经济管理体制对企业财务行为的影响与宏观经济体制相联系,主要体现在如何处理企业与政府、企业与所有者之间的财务关系。

(二)经济结构

一般指从各个角度考察社会生产和再生产的构成,包括产业结构、地区结构、分配结构和技术结构等。经济结构对企业财务行为的影响主要体现在产业结构上。一方面,产业结构会在一定程度上影响甚至决定财务管理的性质,不同产业所要求的资金规模或投资规模不同,资本结构也不一样。另一方面，产业结构的调整和变动要求财务管理做出相应的调整和变动，否则企业日常财务运作艰难，财务目标难以实现。

（三）经济发展状况

任何国家的经济发展都不可能长期呈现快速增长之势，而是表现为波浪式前进，螺旋式上升的状态。当经济发展处于繁荣时期，经济发展速度较快，市场需求旺盛，销售额大幅度上升。企业为了扩大生产，需要增加投资，这就需要筹集大量的资金以满足投资扩张的需要。当经济发展处于衰退时期，经济发展速度缓慢，甚至出现负增长，企业的产量和销售量下降，投资锐减，资金时而紧缺、时而闲置，财务运作困难较大。另外，经济发展中的通货膨胀也会给企业财务管理带来较大的不利影响，主要表现为资金占用额迅速增加；利率上升，企业筹资成本加大；证券价格下跌，筹资难度增加；利润虚增、资金流失等。

（四）宏观经济调控政策

政府具有对宏观经济发展进行调控的职能。在一定时期，政府为了协调经济发展，往往通过计划、财税、金融等手段对国民经济总运行机制及子系统提出一些具体的政策措施。这些宏观经济调控政策对企业财务管理的影响是直接的，企业必须按国家政策办事，否则将寸步难行。例如，国家采取紧缩的调控政策时，会导致企业的现金流入减少，现金流出增加、资金紧张、投资压缩。反之，当国家采取扩张的调控政策时，企业财务管理则会出现与之相反的情形。

三、金融市场环境

金融市场是资金筹集的场所。广义的金融市场是指一切资本流动（包括实物资本和货币资本）的场所，其交易对象为货币借贷、票据承兑和贴现、有价证券的买卖、黄金和外汇买卖、办理国内外保险、生产资料的产权交换等。狭义的金融市场一般是指有价证券市场，即股票和债券的发行和买卖市场。

(一)金融市场的分类

1.按交易期限分

按交易期限分为短期资金市场和长期资金市场。短期资金市场是指期限不超过一年的资金交易市场,因为短期有价证券易于变成货币或作为货币使用,所以也叫货币市场。长期资金市场,是指期限在一年以上的股票和债券交易市场,因为发行股票和债券主要用于固定资产等资本货物的购置,所以也叫资本市场。

2.按交易性质分

按交易性质分为发行市场和流通市场。发行市场是指从事新证券和票据等金融工具买卖的转让市场,也叫初级市场或一级市场。流通市场是指从事已上市的旧证券或票据等金融工具买卖的转让市场,也叫次级市场或二级市场。

3.按交易直接对象分

按交易直接对象分为同业拆借市场、国债市场、企业债券市场、股票市场和金融期货市场等。

4.按交割时间分

按交割时间分为现货市场和期货市场。现货市场是指买卖双方成交后,当场或几天之内买方付款、卖方交出证券的交易市场。期货市场是指买卖双方成交后,在双方约定的未来某一特定的时日才交割的交易市场。

(二)金融市场与企业财务活动

企业从事投资活动所需要的资金,除了所有者投入以外,主要从金融市场取得。金融政策的变化必然影响企业的筹资与投资,所以金融市场环境是企业最为主要的环境因素,它对企业财务活动的影响主要有以下三方面。

(1)金融市场为企业提供了良好的投资和筹资的场所。当企业需要资金时,可以在金融市场上选择合适的方式筹资,而当企业有闲置的资金时,又可以在市场上选择合适的投资方式,为其资金寻找出路。

(2)金融市场为企业的长短期资金相互转化提供方便。企业可以通过金融市场将长期资金(如股票、债券等)变现转为短期资金,也可以通过金融市场购进股票、债券等,将短期资金转化为长期资金。

(3)金融市场为企业财务管理提供有意义的信息。金融市场的利率变动反映资金的供求状况,有价证券市场的行情反映投资人对企业经营状况和盈利水平的评价,这些都是企业生产经营和财务管理的重要依据。

(三)我国主要的金融机构

1. 中国人民银行

中国人民银行是我国的中央银行,它代表政府管理全国的金融机构和金融活动,经理国库。它的主要职责是拟定金融改革和发展战略规划,起草有关法律和行政法规草案,依法制定和执行货币政策,完善金融宏观调控体系等。

2. 政策银行

政策银行是指由政府设立,以贯彻国家产业政策、区域发展政策为目的,不以营利为目的的金融机构。我国目前有三家政策银行,即国家开发银行、中国进出口银行、中国农业发展银行,均直属国务院领导。

3. 商业银行

商业银行是以经营存款、放款、办理转账结算为主要业务,以营利为主要经营目标的金融机构。商业银行没有货币的发行权,业务主要集中在经营存款和贷款业务,存贷款之间的利差就是商业银行的主要利润。我国商业银行有国有独资商业银行、股份制商业银行、城市商业银行、农村商业银行和邮政储蓄银行。

4. 非银行金融机构

非银行金融机构是以发行股票和债券、接受信用委托、提供保险等形式筹集资金,并将所筹资金运用于长期性投资的金融机构。我国主要的非银行金融机构有保险公司、信托投资公司、证券机构、财务公司、金融租赁公司等。

第四节　财务管理的原则

财务管理原则，也称理财原则，是进行企业财务管理所应遵循的指导性的理念或标准，是人们对财务活动的共同的、理性的认识。它是联系理论与实务的纽带，是实践证明的并且为多数理财人员所接受的理财行为准则，是财务理论和财务决策的基础。

一、系统原则

财务管理从资金筹集开始，到资金收回为止，经历了资金筹集、资金投放、资金收回与资金分配等几个阶段，这几个阶段互相联系、互相作用，组成一个整体，具有系统的性质。为此，做好财务管理工作，必须从财务管理系统的内部和外部联系出发，从各组成部分的协调和统一出发，这就是财务管理的系统原则。在财务管理中应用系统原则，中心是在管理中体现系统的基本特征。

(1)系统具有目的性。

(2)系统具有整体性。只有整体最优的系统才是最优系统，财务管理系统必须围绕整个企业理财目标进行。

(3)系统具有层次性。在企业资源配置方面，应注意结构比例优化，从而保证整体优化。

(4)系统具有环境适应性。在理财环境中必须保持适当的弹性，以适应环境的变化。系统原则是财务管理的一项基本原则，在财务管理实践中，分级分口管理、目标利润管理、投资项目的可行性分析都是根据这一原则来进行的。

二、平衡原则

在财务管理中，要力求资金的收支在数量上和时间上达到动态的协调平衡，这就是财务管理的平衡原则。资金收支动态的平衡公式为：

目前现金余额＋预计现金收入－预计现金支出＝预计现金余额

如果预计的现金余额远远低于理想的现金余额，则应积极筹措资金，以弥补现金的不足；如果预计的现金余额远远大于理想的现金余额，应积极组织还款或进行投资，以保持资金收支上的动态平衡，实现收支相抵，略有结余。

平衡原则也是财务管理的一项基本原则，财务管理的过程就是追求平衡的过程。在财务管理实践中，现金的收支计划、企业证券投资决策、企业筹资数量决策，都必须在这一原则指导下进行。

三、弹性原则

在财务管理中，必须在追求准确和节约的同时，留有合理的伸缩余地，这就是财务管理的弹性原则。

在财务管理中，之所以要保持合理的弹性，主要有三个方面的原因：第一，财务管理的环境是复杂多变的，企业缺乏完全的控制能力；第二，企业财务管理人员的素质和能力也不可能达到理想的境界，因此在管理中可能会出现失误；第三，财务预测、财务决策、财务计划都是对未来大致的规划，不可能完全准确。为此，要求在管理的各个方面和各个环节保持可调节的余地。

弹性原则是财务管理中必须遵循的原则。在财务管理中，只有允许各子系统都保持一定的弹性，才能保证财务管理系统的整体具有确定性。财务管理实践中，对现金、存货留有一定的保险储备，在编制财务计划时留有余地，都是弹性原则的具体应用。

四、比例原则

财务管理除了对绝对量进行规划和控制外，还必须通过各因素之间的比例关系来发现管理中存在的问题，采取相应的措施，使有关比例趋于合理，这便是财务管理的比例原则。

比例原则是财务管理的一项重要原则。在财务管理实践中，财务分析中的比率分析、企业筹资中的资本结构决策、企业投资中的投资组合决策都必须贯彻这一原则。

五、优化原则

财务管理过程是一个不断进行分析、比较和选择，以实现最优的过程，这就是财务管理的优化原则。

在财务管理中贯彻优化原则，主要包括如下三方面：

(1)多方案的最优选择问题。

(2)最优总量的确定问题。

(3)最优比例关系的确定问题。

优化原则是财务管理的重要原则，财务管理的过程就是优化过程。如果不需要优化，管理就失去了意义。

第二章　企业管理与财务管理

第一节　财务管理中所需要的企业信息

企业经营者的职责是创造财富，通过对企业已有的资源进行合理的配置，产出最大的利润。为了达到这个目的，企业的经营者需要一系列的信息来做出经营的决策。这些信息主要分为四种，即基础性信息、生产力信息、竞争性信息和资源配置信息，它们共同组成经营者管理现代企业所必需的工具。

一、基础性信息

最古老和最常见的管理诊断工具是现金流量和流动性的预测，还有一些标准计量工具，如流通库存与新产品的销售比率，债券利息的收益率，过期六个月的应付账款的比率，应付账款总额和销售数字等。这些数据就像医生例行身体检查中测定的结果，如果显示正常，它们不会告诉我们更多的东西，如果它们显示异常，就意味着出现了某种问题，需要进一步诊断和治疗。这样的测量结果可以称之为基础性信息。

二、生产力信息

企业诊断的另一种工具是计算关键资源的生产力，其中一个最古老的指标测量的是劳动力的生产力。目前在测量以知识为基础的工作和服务性工作的生产力方面正在取得缓慢的进步，然而仅仅计量工人的生产力，不论是白领工人还是粉领工人或者是蓝领工人，已经不足以提供充分的生产力信息。当今企业需要的是全要素的生产力的数据。

因此 EVA（经济附加值分析）近年来逐渐流行，EVA 分析基于一些我们久已熟悉的东西：一般称之为利润的、归属于股东权益的那部分金钱往往根本不能算是利润。除非企业的利润超过了资本的成本，否则这家企业就是亏损的。不要仅仅因为已缴纳所得税就断言它是一定正在盈利的企业。因为此时，它的回报可能仍然低于它所消耗的经济资源的成本。只有在企业利润高于资本成本时，这家企业才算是消化了它的全部成本。在此之前，它并没有创造财富，相反，它是在消耗财富。

最新引进的用于获取生产力信息的工具是基准法——将自己的企业同本行业中最好的企业进行对比，或者更进一步同本行业中每一项最佳指标进行对比。基准法的合理假设在于，只要有一家企业能够做好，别的企业也应该能够做好。另一项同样正确的假设是，至少要同本行业的领导者保持同一水准是企业拥有竞争力的先决条件。EVA 和基准法一起构成了测度和管理全要素生产力的诊断工具。

三、竞争性信息

竞争性信息的诊断工具用于处理竞争力的问题，它是基于一种核心竞争力之上的能力，可以将市场或顾客的价值同生产商或供货商的特殊能力融合起来。

到目前为止，已经有一大批高度专门化的中等规模的企业正在开发计量与管理核心竞争力的方法体系。获取竞争性信息需要仔细地追踪自己和竞争对手的表现，特别注意在业绩中出现的意外的成功和意外的挫败。成功可以表明市场所看重的东西和它的回报，表明企业在哪一方面具有领导优势，而没有取得成功则应当视为市场正在转变或企业的竞争能力弱化。这种分析可以帮助企业尽早发现机会。

四、资源配置信息

依靠管理创造财富的现代企业所需要的最后一项诊断信息是资源配置信息，包括资本和有才能的人员。管理层所掌握的任何信息都必须借助这两项资源才能转化为行动，它们决定了一家企业经营得是好还是差。

从以上的分析可以认识到经营者所需的四类管理信息，都是源于财务信息。例如，基础性的信息可以直接从财务报表中获取；生产力的信息也可以从财务报表分析中得到；EVA 在企业利润表中可以直接得到；竞争性的信息可以从每期的财务报表的动态比较，以及与同行业的其他企业的财务信息进行横向的比较获得；资源配置信息的本身就源于财务报表。

第二节　财务管理在企业管理中的中心位置

财务管理是基于企业再生产过程中客观存在的财务活动和关系而产生的，是组织企业资金活动、处理企业同各方面的财务关系的一项经济管理工作，是企业管理的重要组成部分。

财务管理作为企业管理的一部分，由两种含义组成：

(1)组织企业财务活动，即企业资金的筹集、投放、使用，收入的实现和分配。

(2)处理企业财务关系，即处理企业与政府、与投资者、与债权人、与债务人及与企业内部的各种关系。

在现代化的商品经济条件下，财务管理是企业的一项必不可少的基本经济管理活动。财务管理是涉及企业资金的活动，企业财务活动又引起了企业与各方面的一系列财务关系，这在一定程度上说明企业的财务管理活动是整个企业活动的基础，它直接影响着整个企业的经济效益。

一、企业的本质决定了财务管理的中心位置

企业是国家宏观调控下，按市场需求自主经营，以提高经济效益、实现资产保值增值为目的的经济组织。生存、发展和获利是企业的目标，企业要发展，必须筹备足够的资金，企业要获利，也就必须通过合理使用资金才能实现。企业价值的最大化是企业的宗旨，也是企业财务管理的目标，企业的一切工作都是围绕企业的宗旨展开的。

二、市场经济决定了财务管理的中心位置

市场经济条件下，是以市场为导向作为资源配置的，因此市场价格作为指示器调整着企业的经济活动。企业总是把资金投入报酬率较高的项目，所有者又总把赌注压在有希望获利的企业，给它们注入资金。如果企业不是以财务为中心，而以产量、规模或其他目标为中心，就可能造成市场机制失灵，资源配置不符合规律，甚至造成盲目扩建，产品积压，资金流向和产业结构的失衡，导致社会资源的浪费。

三、企业管理的现状决定了财务管理的中心位置

自改革开放以来，我国的企业管理模式由生产管理型向生产经营管理型转变，由以生产为中心转变为以经营为中心。从企业发展来看，应该把经营管理放在管理的重要位置。不过经营决策中预测、决策等信息，最为重要的仍是财务信息，财务部门在预测、决策过程中起到了极其重要的作用。

综上所述，以财务管理为中心，包含了企业整个经济活动，能使企业上下将责权结合，促进企业管理水平的提高。因此，随着市场经济的发展和激烈的竞争，企业管理以财务管理为中心是必然的。

第三节　财务管理对企业发展所产生的作用

一、预测作用

财务预测是在认真研究分析有关历史资料、经济技术条件的情况下，对未来的财务指标做出估计和判断，制定财务计划的过程。通过预测和分析，找到增收的渠道和节支的途径。财务预测的内容主要包括销售预测、资金预测、成本预测和利润预测。

二、控制作用

财务控制是保证企业财务活动符合既定目标，取得最佳经济效益的一种方法。财务控制的内容主要有以下三个特点。

（一）加强财务管理的各项基础工作

财务管理基础工作的主要内容有健全原始记录、加强定额管理、严格计量验收、定期盘存财产物资以及制定企业内部结算价格制度等。

（二）组织财务计划的实施

编制财务计划只是财务管理的起点，最终要组织计划的执行和落实，以达到不断改进工作、提高效率、降低成本、节约支出的目的。

（三）平衡财务收支

平衡财务收支要及时根据实际情况，积极调度、合理组织资金，以保证生产的合理需要。

三、监督作用

财务监督主要是利用货币形式对企业的生产经营活动所实行的监督，具体来说就是对资金的筹集、使用、消耗、回收和分配等活动进行监督。

四、资本运营

财务管理是企业管理的中心，资本运营是企业管理的最高境界。资本运营不仅仅是运营产品，而且是运营资本。资本运营是现代财务管理的一项重要工作，它不采用财务会计中记账、算账、报账的方法，也不采用管理会计中预测利润的本量利法，而是采用管理会计中投资决策的理论和方法，采用财务管理中投资组合选择原理、资本结构理论等重要方法，将投资、融资和盘活存量资产作为主要内容。

第四节　财务管理在企业发展中的目标

企业财务管理的目标是指企业财务管理工作要达到的最终目的，财务管理是企业管理的一部分，财务管理的目标取决于企业的总目标，财务管理的目标又决定着企业财务管理的基本方向。

一、企业经营目标及其对财务管理的要求

企业目标可以具体分为生存、发展和获利。

(一)生存目标对财务管理的要求

企业生存的“土壤”是市场。企业在市场中生存下去的基本条件有两个：一是以收抵支，二是到期偿债。相应的，企业生存的威胁主要来自两个方面一方面是长期亏损，它是企业终止的根本原因；另一方面是不能偿还到期债务，它是企业终止的直接原因。所以保持以收抵支和偿还到期债务的能力，减少破产的风险，使企业能够长期、稳定地生存下去，是对财务管理的第一个要求。

(二)发展目标对财务管理的要求

企业是在发展中求生存的，企业的发展集中表现为扩大收入。扩大

收入的根本途径是提高产品的质量，扩大销售的数量，这就要求不断更新设备、技术和工艺，并不断提高各种人员的素质，也就是要投入更多、更好的物质资源、人力资源并改进技术和管理。在市场经济中，各种资源的取得都需要付出货币，企业的发展离不开资金。因此，筹集企业发展所需的资金，是对财务管理的第二个要求。

（三）获利目标对财务管理的要求

从财务的角度看，盈利就是使资产获得超过其投资的回报。在市场经济中，没有免费使用的资金，资金的每项来源都有其成本，每项资产都是投资，都应获得相应的报酬，财务人员务必对企业正常营业产生的资金和从外部获得的资金有效地加以利用。因此，通过合理、有效地使用资金使企业获利，是对财务管理的第三个要求。

二、财务管理整体目标

根据现代企业财务管理理论和实践，最具有代表性的财务管理目标主要有以下四种。

（一）利润最大化

企业财务管理的目标就是利润最大化。利润代表了企业新创造的财富，利润越多则企业财富增加得越多，越接近企业的目标。

将利润最大化作为企业财务管理的目标对于企业追求产值、促进企业加强经济核算有积极意义，但是以利润最大化作为企业财务管理的目标也有一些缺陷。因此现代财务理论认为，利润最大化并不是企业财务管理的最佳目标。

（二）每股盈余最大化

每股盈余最大化即每股收益最大化，每股收益是利润额与普通股股数的比率，这种观点虽然把企业实现的利润额同企业的投入进行对比，但仍然没有考虑资金的时间价值，也没有考虑风险因素。

（三）股东财富最大化

股东财富最大化是指企业应以达到股票的市价最高为目标，因此也称为股票价格最大化。它包含了多方面的影响因素，如企业的盈利能力、时间因素、风险因素等，同时避免了以利润最大化为目标造成的企业短期行为。但是其过分强调股东的利益，对其他与企业相关团体的利益不够重视。

（四）企业价值最大化

企业价值最大化是指通过企业的合理经营、选择策略等，在保证企业长期稳定发展的基础上使企业价值达到最大。企业的价值在于它能给所有者带来未来报酬，它是一种潜在的获利能力，企业的价值不能通过其账面价值来反映，因为许多资产的账面价值是一种历史成本，不代表其市场价值。更何况一些无形资源，如商誉等，在账面上反映不出来。因此企业的价值可以通过市场的评价来确定。

三、财务管理的分部目标

财务管理的分部目标是指在整体目标的制约下，进行某一部分财务活动所要达到的目标，是为实现整体目标而起保证作用的目标。分部目标要求企业在筹资时，不仅需要从数量上满足生产经营的需要，而且要考虑到各种筹资方式给企业带来的资金成本的高低、财务风险的大小，以便选择最佳筹资方案和最佳资本结构，提高自有资本收益率，降低资金成本和财务风险，实现财务管理的整体目标。分部目标取决于财务管理的具体内容，可以概括为如下三个企业筹资管理目标。。

（一）企业投资管理目标

对于新增的投资项目，一方面要考虑项目建成后给企业带来的投资报酬，另一方面也要考虑投资项目给企业带来的风险，使风险与报酬均衡，不断提高企业价值，实现企业财务管理的整体目标。

（二）企业营运资金管理目标

加速资金周转，提高资产利用率，同时降低产品成本，节约费用开支，减少资金占用，从而提高资产盈利率，为提高自有资本收益率奠定良好基础。

（三）企业利润管理目标

企业财务管理必须努力发掘企业潜力，促使企业合理使用人力和物力，以尽可能少的耗费取得尽可能多的经营成果，增加企业盈利，提高企业价值。企业获得的利润，要合理进行分配。

四、财务管理目标的协调

企业财务活动涉及不同的利益主体，其中最主要的是股东、经营者、债权人，这三者构成了企业最重要的财务关系。企业是所有者，即股东的企业，财务管理目标是股东的目标，经营者、债权人与股东的目标不完全一致，企业只有协调好这三个方面的矛盾，才能实现股东财富最大化的目标。

（一）股东和经营者的矛盾与协调

股东为企业提供资本金，目标是使其财富最大化；经营者则希望在提高企业价值或股东财富的同时，提高自己的报酬、荣誉、社会地位，增加闲暇时间，减少劳动强度。为了解决这一矛盾，股东通常可采取监督和激励两种办法来协调自己和经营者的目标。

（二）股东和债权人的矛盾与协调

债权人把资金交给企业，其目标是到期收回本金，并获得约定的利息收入。债权人为了防止其利益被损害，一方面可以寻求立法保护，如破产时优先接管，优先于股东分配剩余财产；另一方面还可以在借款合同中加入限制性条款，如规定资金用途，规定不得发行新债或发行新债的数额，当发现企业有意侵蚀其债权价值时，可提前收回借款，拒绝进一步合作。

五、财务管理目标与社会责任

企业财务管理目标与社会的目标有许多方面是一致的，企业在追求自己的目标时，自然会使社会受益。但企业财务管理目标与社会目标也有不一致的方面，如企业为了获利，可能生产伪劣产品，可能不顾工人的健康和利益，可能会造成环境污染，可能损害其他企业的利益等。因此国家要保护所有公民的正当权益，股东只是社会的一部分人，他们在谋求自己利益的时候，不能迫害他人的利益。为此，国家颁布一系列保护公众利益的法律法规，如《中华人民共和国环境保护法》《中华人民共和国消费者权益保护法》《中华人民共和国产品质量法》等，通过这些法律法规强制使企业承担社会责任，保障股东和社会公众的利益。

第三章 新时代背景下财务管理的意义

第一节 新时代背景下财务管理的理论结构分析

随着社会的发展,财务管理越来越受到人们的重视,在企业的管理和发展中发挥了很大的作用。我国的财务管理理论相较于其他国家出现得较晚,且不够健全,所以我国的财务管理实践需要科学化的财务管理理论指导,以规范财务管理人员的言行,促进我国财务管理的发展和进步。

一、财务管理理论结构概述

财务管理理论是在之前的财务管理实践的基础上进行归纳和总结,然后在实践中加以发展,再总结,得出系统化、科学化、合理化的财务管理指导思想,继而发展成为一套理论。财务管理理论可以使财务管理工作具有科学性和有效性,以发挥财务管理工作的最大作用。

二、我国财务管理理论结构研究的现状

我国财务管理理论结构以财务管理环境为起点,财务管理假设为前

提，财务管理导向为目标，是由财务管理的基本理论，财务管理的应用理论构成的理论结构。而目前我国财务管理理论结构研究存在以下问题。

（一）我国财务管理理论的内容不完整

我国财务管理理论主要是针对财务管理的对象、原则、方法等，对于财务管理上的假设和目标的实现管理的力度严重不足，缺乏财务管理的科学机制，财务管理人员缺乏系统的、科学的财务管理理论作为理论依据，我国企业也没有将财务管理纳入企业管理的体系中，财务管理理论呈现出一派混乱的状态。

（二）我国财务管理理论的层次不明确

在我国财务管理理论结构中，对于新出现在财务管理中的问题只是进行无条件的累加工作，并没有对其进行系统、科学的分类，就无法明确财务管理理论结构中的要素，导致财务管理理论结构的层次不明显、界定混淆，使得财务管理人员不能正确地对财务管理对象进行分类，降低了财务管理人员的工作效率。

（三）我国财务管理理论的逻辑不严谨

科学、系统、合理的财务管理理论结构，能够使财务管理工作前后呼应，能够充分体现出逻辑性、科学性，使财务管理工作具有明显的条理性。如果财务管理工作没有严谨的逻辑作为指导主线，就会大大减弱财务管理的作用，影响财务管理理论结构的发展。

三、财务管理理论结构的构建

（一）财务管理理论的基础

财务管理理论的基础，主要是指财务管理环境、财务管理假设、财务管理目标这三者之间的关系和发展状况。财务管理环境是进行财务管理工作的逻辑起点，一切的财务管理工作都是围绕这个出发点开始的，也是以它为基础开展一切工作的;财务管理假设主要研究财务的主体以及市场投入产出之间的比例,是构建财务管理理论结构不可缺少的组成部分;财务管理目标是指开展财务管理工作将要达到的目标或者目的,是在财务管理环境和财务管理假设的基础上建立的,对涉及财务管理的业务具有导向作用。财务管理目标既是对财务管理环境和财务管理假设的总结,又可以指导财务管理工作的开展。目前,我国实行的市场经济使财务管理理论所承担的压力变大了,能对市场经济下的资金进行合理的分配和支出,能够实现经济效益最大化。

(二)构建财务管理的基本理论

财务管理的内容、财务管理的原则、财务管理的方法都是财务管理的基本理论,从这三个方面入手,可以保证财务管理理论的科学性和合理性。财务管理工作主要是针对企业筹资、投资、营运及分配等方面开展的。财务管理原则可以有效地约束财务管理工作的行为,可以使财务管理理论更加科学化、系统化。把财务管理的内容与财务管理的目标连接在一起,能够提高企业决策的正确性。

(三)建立财务管理通用业务理论

财务管理通用业务是指一般企业都具有的财务管理工作,范围比较大。在财务管理通用业务中可以对企业的筹资、投资、营运等业务进行系统的总结和研究,可以指导财务管理向着正确的方向发展,可以为财务管理理论的建立提供强有力的事实依据,可以提高财务管理理论结构的科学性。财务管理理论结构的建立实际上是为财务管理工作提供一个比较大的框架,让财务管理工作者在这个框架里发挥,也为企业的财务管理中的资金支出情况做了系统分配,从而确保财务分配存在公平性。

综上所述,财务管理理论结构为企业财务管理工作的开展提供了强有力的理论依据,同时财务管理理论结构的建立也受到多方面因素的影响和制约。但财务管理理论在我国财务管理工作中具有很高的地位,因此要形成一套逻辑性强、科学化、系统化的财务管理理论，以确保我国财务工作开展的正确性和有效性。

第二节　新时代背景下财务管理的价值创造

财务管理是企业管理的重要组成部分，是实现企业价值最大化经营目标的重要手段。财务管理价值创造能力的水平越高，其在企业价值创造中的地位越高，为企业创造价值的效率和质量就越高，因此提升财务管理价值创造能力，有助于其更好地发挥价值创造作用，意义重大。

一、财务管理的价值创造

财务管理的价值创造是通过一系列财务管理活动为企业创造价值，以期实现企业价值最大化。财务管理在企业价值创造过程中扮演着诸多角色，可以直接创造价值，可以以支持辅助的方式间接创造价值，还可以保护企业现有价值不受损害。

（一）价值创造

财务管理可以通过多种方式来实现价值创造。一是通过投资，享受政府优惠补贴政策，开展理财活动等财务活动，直接为企业增加现金流或获取收益；二是通过统筹运用各项资源，集中管理资金，统一结售汇，税务筹划等方式，降低各项成本。

（二）价值促进

财务管理可以通过辅助支持企业的各项价值创造活动来促进企业价值的提升。一是通过预算管理，合理配置企业资源；二是通过评价考核、薪酬激励、奖励惩罚等措施的执行，促使企业价值创造机能有效运行；三是进行财务分析供管理参考，为决策服务，协助各项价值创造活动有序高效地开展。

(三)价值保护

财务管理还可以采取财务措施保护企业价值不受损失。一是通过内部控制手段,防范企业潜在风险,实现企业价值保值;二是通过财务审计,规范企业财经秩序,防止企业价值受到损害。

二、财务管理的价值创造能力

(一)含义

价值创造能力是指创造企业价值的主观条件的总和,是实现企业价值最大化目标的能力。而财务管理价值创造能力是指通过财务管理手段为企业创造价值的能力。

(二)影响因素

影响财务管理价值创造能力的因素包括以下五个方面:

(1)人员。财务管理工作具体是由财务管理人员执行的,财务管理人员能力越强,财务管理工作更能实现其价值创造的目标。

(2)制度。制度体系的建立使财务管理价值创造活动有制可循、有章可依,有利于规范其价值创造活动,提高价值创造工作的效率及质量。

(3)流程。完善、高效的流程,可以解决相关管理要素不能得到有效利用的闲置浪费,使管理有序,充分发挥财务管理的最大效率,为财务管理价值创造活动助力。

(4)方法。先进科学的管理方法能保证财务管理在价值创造活动中实现管理功能,保证其发挥应有的作用,因此财务管理方法对企业充分发挥财务管理的价值创造作用有很大影响。

(5)环境。财务管理环境是指对企业财务活动产生影响作用的企业各种内部和外部条件,企业的财务管理活动离不开财务管理环境,财务管理环境必然影响财务管理活动。

三、提升财务管理价值创造能力的几点建议

企业应围绕创造企业价值的目标，提升企业财务管理的价值创造能力，这需要做到以下五个方面。

（一）提升财务管理人员的价值创造能力

（1）树立价值创造理念。必须让价值创造的理念深入参与财务管理的每一个人心中，财务管理人员应该改变自身理念，只有认同财务管理企业价值创造者的角色，才能真正通过意识和理念去指导实践，以实现价值创造的目标。

（2）提升财务管理人员的专业素质，培养企业所需的复合型人才。财务管理人员要学习并不断更新财务管理方面的政策和知识，提高业务素质，要加强对企业业务、流程、部门架构等的了解，要加强沟通与协作，储备较为全面的综合知识，以便更好地为企业价值创造机制服务。

（二）建立以价值创造为导向的财务管理制度体系

（1）完善制度。在价值创造过程当中，想要财务管理工作高效地创造价值，就必须将原有的财务管理制度进行梳理，从价值创造的角度对原有制度进行评估、修改及补充，将价值最大化的企业目标落实到相关制度中。

（2）建立制度体系。以价值创造为导向的财务管理制度体系应分为几个层次，最底层是具有操作性的实施细则，第二层是具有指导意义的管理办法，最高层是财务管理的价值创造总纲领。

（3）用文字记载。相关规章制度应以文字方式形成文件，确保制度的约束性、严肃性和引导性，使财务管理价值创造活动有依据。

（三）改进财务管理流程

将财务管理与业务流程相结合，让财务部门和财务管理人员全面参与整个价值链流程，将管理措施融入企业各生产经营环节，从价值创造的

角度，帮助各业务部门、经营环节做出事前的预测规划、事中的监督控制、事后的评价等，实现企业价值链上的财务协同，为企业价值创造提供全面支持。

（四）应用现代管理方法

（1）借助信息技术、互联网增加沟通，及时获取相关政策制度，及时处理财务及经营信息，实现多维度数据统计等。这有利于提高财务管理价值创造活动效率，同时减少或避免差错，切实保证财务管理价值创造活动的质量。

（2）根据企业实际，采用各类先进科学的管理方法。例如，财务分析中经常使用杜邦分析法，从净资产收益率出发，对影响该指标的因素进行层层分解，通过这种财务分析方法帮助企业及时发现经营中存在的问题，更好地辅助企业创造价值。再如，预算管理实践中比较有代表性的全面预算管理法，以提升企业价值为目标，通过价值驱动因素配置企业资源，使低效资源加快流转，发挥资源使用效益，同时将价值管理导向贯穿预算管理的执行、分析与控制全过程，促使企业价值不断提升。

（五）营造财务管理价值创造的环境

形成财务管理的价值创造文化，充分发挥其应有的作用，创造并保持财务管理人员参与价值创造的内部环境。财务管理的价值创造文化是财务管理价值创造目标与财务管理人员的纽带，把从事财务管理的人员团结起来，形成巨大的向心力和凝聚力。这种从内心产生的效应，足以胜过任何规章制度和行政命令。

企业在提升自身财务管理价值创造能力的过程中，应关注提升的效果，未达到或偏离了原有目标时应及时调整，同时还应注意克服认知惰性，适时主动地根据企业实际情况，对提升财务管理价值创造能力的方式、方法予以修正，只有这样才能真正地提升企业自身的财务管理价值创造能力，达到提升的目的，实现提升的效果。

第三节　财务管理环境变化对现代财务管理的影响

财务管理是企业发展中的重要内容，对企业平稳经营有着重要的意义和影响。在近几年的发展中，很多企业对财务管理环境变化进行了深入的分析与研究。一方面是由于财务管理水平与财务管理环境的变化有着密切的联系，需要相关管理团队对两者之间的关系进行深入的研究与探讨，从而为财务管理工作的开展提供可参考的依据；另一方面是由于传统的方式和理念已经不能满足现代企业财务管理的需要，如果不能及时创新与完善财务管理制度、理念以及模式，那么就会影响企业的正常发展。

一、财务管理环境变化的内容

（一）企业发展模式方面

财务管理环境在变化的过程中，会在很大程度上引发企业发展模式的变化，而发展模式的变化不仅对企业核心的构建有着重要的影响，还对企业财务管理的开展有着重要影响。企业财务管理中涉及很多方面的内容，如资金管理、预算控微及风险规避等，因此当企业发展模式受到财务管理环境变化而发生改变的时候，企业财务管理部门就需要对这些内容进行重新部署与安排。只有通过这样的方式，才能进一步顺应企业发展模式变化的需要，对财务管理工作的开展提供有利的条件。

（二）金融全球化方面

金融全球化对企业融投资的开展有着重要的意义和影响，其不仅为企业融投资提供了更多的选择机会，还间接地丰富了融投资的形式和内容。

在财务管理环境变化的过程中，企业财务管理部门会根据金融全球化的发展现状对金融投资环境做进一步的分析与研究。同时，会对金融投资中涉及的风险问题做进一步的控制和防范，从而确保融投资的安全，而财务管理工作的开展也会间接发生改变。

（三）经济信息化方面

随着经济的不断发展，国与国之间的交流和联系更加密切，经济全球化的趋势已经愈演愈烈。随着经济全球化的发展，以跨国服务和商品为主要经营对象的跨国公司也广泛兴起。跨国商品和服务的产品流通模式和形式，与传统经济有着很大的差别。经济技术也有着很多的变化，急需财务管理模式采取相应的方式。而经济信息化的发展，是财务管理环境变化的重要部分之一，其以互联网技术和电子计算机技术为基础，通过信息的共享和技术的沟通，已经对经济运行的模式产生了巨大的影响。

二、财务管理环境变化对现代财务管理的影响

（一）资产评估体系构建方面

资金的平稳运行对企业发展与财务管理工作的开展有着重要的意义，而资产评估体系的构建在很大程度上推动了财务管理水平的提升。很多企业在进行财务管理的过程中，会将重点内容放在知识资本的评估与管理方面。对于资产评估中存在的难点问题，相关管理团队也能根据实际情况，对相应的会计核算工作以及评估工作进行优化处理。

但是在实际资产评估的过程中，很多管理团队没有按照规范的计量模式或核算方法进行相应的工作，而这种情况的出现对资产评估的价值分析与评价有着一定的影响。在财务管理环境变化的引导下，相关管理团队能够进一步提高对资产评估的重视与研究，并根据实际财务管理环境的变化情况，对企业现金流量计量及管理模式等进行优化，制定出有利

于企业财务管理的计价方式，推进资产评估体系的构建。

（二）财务管理网络优化方面

由于互联网时代的发展及电子计算机技术的推广，很多行业在发展的过程中都会将先进的网络技术及电子技术应用其中，在顺应时代发展需要的同时，促进行业的平稳发展。各企业的财务管理模式也会受到财务管理环境变化的影响而发生改变，因此将网络技术及电子计算机技术应用到财务管理网络系统建设中，逐渐成为企业发展中的重要内容。合理应用网络及电子计算机技术，不仅能够有效控制财务管理工作中存在的问题，还能进一步提高财务管理的质量与效率。

比如，财务管理过程中会涉及很多的数据和信息计算及核对工作，但是相关工作人员在计算和核对的过程中，会受到某些因素的影响而出现问题。而合理应用网络技术就能够在很大程度上降低这类情况出现的概率，同时还能间接提高信息核对及数据计算的准确性，为财务管理工作的开展提供有利条件。另外，对财务管理网络进行建设与优化，还能实现企业资源的合理配置，提高企业信息共享的效率和价值，对财务管理人员积极性的提升也有着重要的意义和影响，因此需要企业相关财务管理团队提高对网络建设的重视。

（三）财务管理内容变化方面

除了上述两点内容外，财务管理环境的变化还会对财务管理内容产生影响。由于各企业财务管理的效率和质量会随着国家经济环境的变化而变化，企业要想保证财务管理工作的顺利开展，就要求财务管理相关管理团队根据经济环境实际变化情况，对相应的财务管理内容进行更新与优化。

财务管理环境的变化与经济全球化的发展有着密切的联系。近年来，随着很多大型跨国公司的出现，相关的融投资行为也成为普遍现象。而融投资模式的出现，不仅间接地提高了企业的经济水平及筹资的效率，而且还带动了计算机技术的应用与推广。融投资方法变得多样化,财务管理内容也变得充实起来。

另外,在财务管理内容发生变化的同时,一些跨国公司还会将新型的投资方式应用到实际的工作中,这不仅给企业发展提供了更多可参考的依据,还间接地促进了企业财务管理模式的创新与升级。虽然企业财务管理会受到一些因素的影响而出现风险问题,导致投资效率下降。但是,财务管理内容在改变的过程中,会间接优化企业受益模式和管理内容,能够在一定程度上规避风险,提高财务管理质量,对企业经济水平的提升有着重要的意义和影响。

(四)财务管理理念革新方面

在经济全球化、金融全球化、信息化、知识资本化等经济环境的影响下,财务制度也应当从财务管理理念、财务管理内容、评估系统的构建、电子网络系统的构建等方面进行适当的调整和革新,以适应日益变化发展的经济形势,提高财务管理效率。财务管理环境主要包括经济全球化、电子商务化、企业核心重建等部分,面对这些环境的变化,财务管理也必须做出一些调整,以适应大环境的发展。受当前财务环境的变化影响,现代财务管理必须进行变革和创新。

首先,在财务理念和理论构建上,应当重视工业经济和知识经济的全面发展,使其在保证经济增长的基础上,还能从技术层面和资金管理层面实现对企业财务管理的优化。也就是在传统财务管理工作的基础上,优化资金使用效率和风险规避制度,确保企业管理者能够正确地决策和投资。

其次,企业应当积极促进财务管理创新。因为企业财务管理工作的目标是发挥资金的最大效用,并且能够最大限度地降低风险。而企业人员关系的协调和生产能力的激发又能够从根本上提高企业的效益,所以在财务管理上,应当将人员关系优化与财务创新相结合,在优化人员管理制度的基础上,实现财务关系的协调和创新。

三、财务管理未来发展趋势

（一）财务理论和关系创新发展

为适应经济发展形势，企业进行生产经营过程中必须具备稳固的理论基础，从而适应社会信息化发展；紧跟知识型经济发展步伐，从而更好地适应财务管理环境的变化，提高企业的适应性和灵活性，保证企业财务管理工作的有效实施。随着环境的变化，财务管理的目标发生了一定的变化，由实现股东财富最大化转向企业价值最大化，保证企业各个相关者的利益。财务管理的关系也发生了一定的变化，侧重企业内部的管理，注重企业内部员工关系的维护，以营造和谐稳定的内部环境。

（二）筹资和投资丰富化

随着经济全球化的发展，金融工具更加丰富，企业在筹资和投资决策方面具有更多的选择，使企业的决策能力得到提高。网上融资模式的出现，为企业融资提供了一定的便利，使融资领域得到扩展，为企业提供了更加广泛的渠道，以实现企业内部资源的合理配置，提高企业的总体竞争能力。筹资和投资方面的变化为企业合理利用资金提供了机会，以降低企业出现资金短缺的可能，保证企业内部资金的流动性。

（三）收益分配合理化

实现利益最大化是企业存在的根本目标，合理分配收益是企业稳定运行的关键，知识经济的发展，使得知识成为企业进行利益分配的一项依据。对于物质资本提供者来说，主要以资本所有权为依据进行分配。知识创造者在领取基本工资的同时，可以依据对知识资本的创造参与利益分配，获取相应的收益。

（四）预算评价体系专业化

财务管理工作离不开财务预算，各种报表是企业高层管理者进行决策的基本依据。因此,一个公平合理的预算管理体系对于财务管理工作至关重要,通过准确的数据分析能够真实地反映企业运营状况,合理预测企业的偿债能力、盈利能力及市场表现情况等。按照预算考核结果进行奖惩能够更好地推动建设合理有效的预算体系,保证预算体系具有专业性,实现企业的可持续发展。

随着经济形势的转变,财务管理的环境发生了一定变化,对财务管理工作提出了更高的要求,使财务管理的内容和对象不断扩大。为提高企业的核心竞争力,稳定企业在市场中的地位,必须结合市场行情和经济形势对财务管理进行创新,在理论结合实践的基础上改进财务管理工作,提高财务管理的灵活性,更好地适应财务管理环境的变化,从不同的角度满足企业发展的需要,促进企业更好更快地发展,实现企业经济利益的提高,达到企业的总体目标。

第四章　财务管理信息化发展的基本概述

第一节　财务管理信息化的基本理论

一、财务管理信息化的概念

现代信息技术的不断发展推动了不同行业、职业的信息化发展，财务管理信息化也是现代信息技术发展的成果。财务管理信息化不同于以往财务管理中的计算机应用，也不是简单地通过计算机进行财务管理的辅助决策，而是一套完整的财务管理信息化概念的运用以及应用架构建立的过程。

财务管理信息化是在企业管理环境及信息技术基础上，对企业业务流程和财务管理方式进行整合与改进，从而形成科学、高效的信息化财务决策和控制过程，并以实现企业价值最大化为最终目标。

二、财务管理信息化的特点

相比于其他信息化过程，财务管理信息化具有以下三个特征。

（一）弹性边界

在企业的经营和管理活动中，财务管理的各个环节都是不可或缺的。

财务决策和控制是企业基本业务流程中的核心环节，因此，财务管理的信息化进程也必须深入企业管理的每一个环节。随着企业信息化的深入发展，财务管理信息化不仅影响了整个企业，甚至影响了整个产业链，使得其界限逐渐变得模糊不清。尤其值得注意的是，新兴的信息技术正在逐渐融入财务管理的信息化进程中，这使得财务管理与企业的其他管理活动逐步实现融合，形成了一个持续优化和整合的过程。

（二）自适应性

在财务管理中，决策占据了中心地位。财务决策所处的环境并非固定不变，而是充满了不确定性和不断变化的因素。由于参与决策的信息和数据来源极为丰富，这也导致财务决策难以通过一个统一的流程和模式来实施。不夸张地说，财务管理信息化的成败很大程度上取决于是否能够做出能够满足客户需求的财务决策。一个完美的财务管理信息化系统不应仅仅是一个刻板和简单的操作系统，而应是一个能够为决策和管理提供支持的信息化平台。为了真正达到财务管理的信息化水平，必须根据企业的管理环境和管理能力，为用户打造一个能够实现系统自适应的信息化平台。

（三）决策与控制相集成

财务管理的信息化是一个融合了信息处理和企业控制功能的过程，它并不是传统上用于数据收集、处理和输出等开环控制流程的信息系统。这正是财务管理信息化与传统信息系统之间的核心差异之一。

财务管理的信息化与其他信息系统有所不同，它是一个完整的闭环控制流程，不仅仅是提供决策过程中的各种信息，而是努力将决策的结果转化为实际的控制流程，并确保这些控制能够被有效地执行。

三、财务管理信息化的作用

当财务信息化与企业的整体战略相一致时，它有助于提升企业在财务决策方面的能力，进而增强企业对风险的抵抗力。通过财务管理的信息化，企业的财务控制范围得以扩展，控制层级得以减少，同时控制过程也得到了加强。通过财务管理的信息化，企业可以更好地适应变化，将其宏观策略转化为实际的管理策略并确保其得到有效执行，这不仅提高了财务管理的工作效率，还增强了企业对风险的控制和预防能力，从而促进了企业价值的持续增长。

第二节　信息化对财务管理的影响

一、信息技术对企业财务管理基础理论的影响

（一）信息技术对财务管理目标的影响

在财务管理中，追求利润的最大化、每股盈余的最大化、股东权益的最大化和企业价值的最大化被视为四大核心目标。在财务管理中，追求企业价值的最大化是一个不可避免的目标。企业代表了所有利益相关者之间的契约关系，其核心目标是生存、增长和实现盈利。随着信息技术的进步，各方之间的联系日益紧密，尤其是在电子商务兴起后，企业在多个价值链中扮演了关键角色。仅仅追求利润的最大化或股东权益的最大化，并不能有效提升企业在整个价值链中的价值，反而可能对企业的长远发展产生不良影响。只有当把企业价值的最大化设定为财务管理的核心目标时，才有可能提升企业各相关利益方的整体利益水平。

（二）信息技术对财务管理对象的影响

财务管理主要关注资金及其流动情况。在资金流转的全过程中，现金始终是流转的始发点和结束点，而其他资产则是现金在流转中的转换方式。因此可以断言，现金及其流转是财务管理的核心内容。随着网上银行和数字货币的诞生，现金这一概念得到了极大的拓展，并且无形资产和虚拟资产的涌现也为现金的转换方式带来了新的选择。与此同时，现代化的信息技术显著地提高了现金流动的速率，从而增加了企业所面对

的风险。尽管信息技术为现金的定义和转换方式带来了新的视角，并加速了其流通，但财务管理的核心目标并未经历根本性的转变。

（三）信息技术对财务管理职能的影响

随着现代信息技术的进步，财务管理中的两大核心功能，即财务决策和财务控制得到了进一步的加强。财务决策主要是运用科学手段来挑选出能达成财务目标的最佳解决方案，在财务决策过程中，主要涉及筹资、投资以及收益的分配这三大核心环节。在信息化的背景下，财务决策所处的环境会变得更加错综复杂，所面对的风险也随之增大。企业在进行各种决策时，尤其是在战术和战略方面，都可以利用现代信息技术将感性的决策转化为更为科学的决策方式。财务控制指的是利用比较、评估和分析等手段来监控决策执行的全过程，以便及时识别出存在的问题并进行相应的调整。通过信息技术的应用，财务控制的功能得到了进一步的强化，其控制的范围变得更为广泛，使用的控制方法也变得更为灵活、便捷和迅速，从过去的事后控制逐渐转向了事前和事中的控制方式。

另外，随着信息技术的持续进步，财务管理逐渐发展出更多的功能，例如财务协调、财务沟通等职能。在当前的信息化背景下，仅仅依赖财务和生产的决策已经不能满足企业的全面决策需求，因为每一个决策都不仅仅是一个部门或领域的问题，而是涉及多个不同的部门和领域。例如，制定生产计划时，不仅要考虑与生产相关的部门，还需要考虑到企业的财务规划部门。换句话说，在企业内部，各个部门间的横向互动变得更为紧密，这就需要更多的手段来增强与不同部门和业务流程之间的协调和沟通能力，财务管理在未来还将承担更多这样的职责。

二、信息技术对企业财务管理方法的影响

（一）偶然性决策向财务管理系统化的转变

系统论、控制论以及信息论是在 20 世纪 40 年代之后涌现的，它们都展现出了独特的综合性质。在 20 世纪 70 年代，系统论、系统工程的思想

以及方法论等多种理论被引入我国，其中耗散结构论、协同论和突变论被广泛接受，并被称为“新三论”，这也标志着系统论的进一步深化。系统论的核心属性是客观现实系统，它从宏观角度探讨了系统与系统、系统与其组件，以及系统与其环境之间的广泛联系。在系统论的框架内，系统被视为核心观念。

财务管理可以被视为一套系统，其主要目的是为管理层提供决策支持和协助，而财务管理的方法和手段则是财务管理实践中的综合体现。财务手段涵盖了如财务预测、财务决策、财务分析以及财务控制等多种方法。在很长的一段时间里，财务管理的分析和设计都没有系统性观点的引导，过于注重获取特定的指标或使用独立的决策模型。当面临独立的财务管理流程时，传统的财务管理方法主要集中处理短期和偶发性的决策问题，这导致了其系统性的缺失。在当前的信息化背景下，当面对独立的财务管理流程时，不应该仅仅关注某一决策的最佳选择，而应该从一个宏观的系统视角来审视财务决策和财务控制，并思考整个财务管理系统的最佳策略。在进行财务控制时，应从系统的整体目标出发，遵循系统控制的标准，从上到下、逐级拆分，并深入考虑控制的影响范围和深度。

（二）定性分析向定量分析和定性分析相结合的转变

鉴于计算工具的技术滞后和数据库管理系统的不足，定量分析在过去的财务管理中并未被广泛采纳。随着信息科技的持续进步，各类计算软件工具的研发和应用，以及数据库管理系统的广泛应用，都为财务管理的定量分析提供了丰富的计算和数据基础，进一步推动了财务管理流程从定性分析向定量与定性分析相融合的方向发展。

（三）简单决策模型向复杂决策模型的转变

由于受到计算工具的制约，传统的财务管理方式，如财务预测、财务决策、财务控制和分析等，大多只能依赖简单的数学计算来实现。随着现代信息技术的进步，计算工具也得到了相应的发展。在财务管理领域，更多的先进计算技术和工具被引入，进一步推动了财务管理决策模型向更为复杂的方向转变。

三、对企业财务管理实务的影响

财务管理的实际操作是基于财务管理的理论来做出财务决策和实施财务控制的活动。信息技术对财务管理实践产生的影响主要集中在三个核心领域，也就是对传统的财务管理内容、财务决策流程以及财务控制策略的改变。

（一）对传统财务管理内容的影响

筹集资金、进行投资以及获得收益构成了企业个体的三大核心财务活动，这也是企业财务管理的核心部分。在信息化的背景下，企业财务管理的核心内容经历了巨大的拓展，财务管理的覆盖面也随之拓宽，触及企业的多个方面，企业的决策方式也从单一的项目最优转向了整体系统的最优。

随着信息技术的不断进步，众多企业已经构建了一个共享的价值链，这使得企业的决策过程成为价值链整体决策的关键部分，决策过程将更加偏向价值链的整体最佳状态。财务管理领域也涌现出了许多新的元素，例如价值链的企业管理、集中的资金管理以及集团企业的预算管理等，这使得财务管理的范围得到了进一步的拓展。随着信息技术的进步，企业与金融市场、各方利益相关者以及税务部门之间的联系变得更为紧密。财务管理的范围也得到了进一步的拓展，涵盖了所有与企业有关的利益群体。此外，银行结算和税收管理也被纳入了财务管理体系，成为财务管理活动中不可或缺的一部分。

（二）对财务决策过程的影响

在财务决策中，情报活动、设计活动、决策活动和审查活动构成了四个核心阶段。随着信息技术的迅速进步，这四个阶段也经历了深刻的变革。在传统的财务决策中，情报活动主要集中在收集与决策相关的数据。但在信息化的背景下，情报活动不再仅仅局限于数据收集，而是进一步细分为风险评估、约束条件评估以及数据收集这三个主要阶段。风险评估是一种对决策目标以及实现过程中可能出现的风险进行全面和合理评价的方法，约束条件意味着要了解财务决策所处的外部环境，并明确在实现决策目标的过程中，可以调用的资源数据是通过信息化平台收集和整理的，然后利用数据仓库技术对数据进行处理，从而直接获得对决策有价值的数据。

在信息化的背景下，财务决策的设计流程已被简化。以往设计活动主要是手工制定和分析最佳策略，但现在人们更倾向于使用工具软件或财务管理系统来构建决策模型并确定最佳策略。

决策过程涉及选择和执行最佳方案的整个流程。利用信息技术，财务决策的选择过程得到了极大的优化。通过工具软件的强大计算能力，能够模拟各种方案的执行状况，从而选出最佳的决策，这大大提高了财务决策的科学性。

审查活动涉及对决策执行的监控，并对其进行适时的修订。随着信息技术的不断进步和广泛应用，审查工作已经提前进入了决策执行阶段，在决策执行过程中也同步进行了审查阶段的各项活动，以追踪、记录和反馈决策执行的各个方面。

（三）实时控制成为财务控制的主要手段

在传统的财务管理过程中，财务控制从最初的记录到最后的修正需要一系列步骤，总体过程较长，使控制过程远在业务过程之后，不能完全发挥控制的全部作用。信息技术使财务控制过程向集成化转变，达到真正的全面控制实施，充分发挥财务控制的真正作用。

四、对企业财务管理手段的影响

信息技术的出现使得财务管理手段变得更为迅速、多样和精确，彻底改变了传统的手工财务管理方式，从而推动了财务管理在企业内部的广泛应用。

首先，随着计算机技术的广泛应用和信息技术水平的不断提升，财务管理中的数据处理能力得到了显著的增强，这也使得复杂和庞大的数据处理流程变得更为简洁，从而使得财务管理更为高效和准确。

其次，通过整合现有和历史数据的多个数据集成数据库系统的应用，财务决策的效率和准确性得到了显著提升，从而彻底改变了传统的决策方式。

最后，随着网络技术的进步和广泛应用，财务管理的领域得到了拓展，实现了对财务管理的集中和实时监控，同时引入了创新的财务管理方法，而分布式计算技术为财务决策过程带来了创新的解决策略。

五、新兴技术对财务管理的影响

云计算、大数据和移动互联等前沿的信息技术在财务管理中的应用，不仅加速了财务管理的信息化步伐，还为财务管理带来了创新的策略和手段。

（一）基于云计算的财务管理应用扩展

在财务管理的信息化过程中，存在着高度的灵活性和个性化的需求。云计算技术能以相对较低的成本构建财务信息化平台，并能通过 PaaS 或 SaaS 方式迅速和灵活地获取支持财务管理的各种资源，从而为财务管理信息化资源的整合和集成化开辟了更多可能。

（二）基于大数据的财务管理应用扩展

大数据在财务管理方面产生了深远的影响。针对特定领域的大数据可以为该领域提供大量的决策支持数据。通过整合、清理和数据挖掘等技术，可以使决策所需的数据和信息更加全面和精确，从而增强财务管理的决策和控制能力，并提高财务管理的效率。此外，依托于云计算的大数据技术，可以更高效地使用云计算平台进行财务管理信息化，从而实现资源的广泛共享。这意味着财务决策不再仅仅是一个独立的决策过程，而是可以通过开发平台来实现更为科学和系统的决策。随着大数据技术在财务管理领域的广泛应用，公司的决策流程已从之前的管理层决策模式转变为企业内部和外部的协同决策模式。

（三）移动互联对财务管理应用的扩展

将移动互联技术融入财务管理中，为财务管理带来了翻天覆地的变化。利用移动互联的先进技术不仅可以整合决策与控制为一体的财务管理流程，还可以达到过程控制的智能化水平。应用移动互联技术有助于推动企业组织向扁平化方向发展，同时也能改变财务管理的组织构架和操作流程，从而增强财务管理的控制能力。随着时间的推移，财务管理的界限可能会受到进一步的挑战，财务的决策过程将变得更为繁琐，决策的即时性也会得到加强，从而使得实时的控制成为可能。

第三节　财务管理信息化的未来发展

在这个充满机遇和风险的信息化时代，高效和科学的管理方式成为每家企业的迫切需求。财务管理信息化可以充分利用这些信息技术，从而提高企业的管理效率和运营水平，这不仅是未来企业发展的关键方向，也是满足企业高效管理需求的关键手段。

一、财务共享中心对企业财务管理信息化的提升

随着市场经济的不断壮大，财务管理在企业成长中的关键作用越来越明显，因此更多的企业更加注重提升其财务管理能力。复杂的财务管理任务要求财务人员拥有出色的专业技术和高度的信息化能力。为了更有效地提升企业的财务管理能力，需要加强财务人员的专业培训，优化财务管理体系，更新财务管理观念，并充分利用财务共享中心的优点，以确保企业财务管理的信息化水平能更好地满足社会经济发展的需求。

（一）依托财务共享中心实施企业财务管理化的优势

随着现代信息技术的快速进步，财务共享中心逐步崭露头角，并在现

代企业的财务管理信息化中得到了广泛应用。财务共享中心的引入打破了传统的多部门财务管理模式的束缚，它利用先进的信息技术将财务部门进行整合，并根据企业的实际情况创建了一种新的财务管理服务模式。这种模式将财务信息融合到一个部门中，从而提高了财务管理部门的智能化水平，并在一定程度上减少了企业的运营成本。这不仅使得财务管理变得更为简洁和高效，还实现了信息的共享。与此同时，财务共享中心对企业的财务管理结构进行了优化，从而提升了企业的财务管理能力，并使企业在市场竞争愈发激烈的环境中获得了更多的优势。随着市场风险的增加，企业的财务管理变得更为困难。但财务共享中心的出现打破了传统财务管理职能的单一性，这在某种程度上减轻了财务人员的工作压力，并因此提高了企业财务管理的工作效率。

财务共享中心的运用不仅提升了企业财务管理的准确度，还确保了财务信息的安全无虞。此外，它还进一步规范了企业财务管理的工作流程，实现了财务数据和信息的高效整合和统一管理，从而提升了企业财务管理的整体效率。确保财务管理工作的精确性是确保企业健康运营的关键，财务共享中心不仅优化了企业财务管理的组织结构，还提升了财务信息的准确度，进一步推动了企业可持续发展的实现。

财务共享中心为企业的有序发展和标准化进程提供了保障。一个完善和健全的财务信息共享系统可以高效地整合公司的各种资源，对人力资源进行合理的配置，并进一步完善财务管理的工作流程，从而确保财务管理的全面性，并提升公司的财务管理效率。财务共享中心不仅加强了不同部门之间的信息交流和沟通，也对财务人员提出了更高的标准。除了需要具备出色的综合素质和专业技能，还应深入了解企业财务管理的各个工作流程。此外，我们还可以依据财务人员的专业能力来为他们分配合适的职位，从而进一步优化财务管理的信息化进程。

(二)依托财务共享中心提升企业财务管理化水平

1. 建立健全完善的财务管理系统

财务共享中心为公司的财务操作提供了额外的便捷性，一个完善且健全的财务管理体系可以从宏观角度进一步提升公司的管理质量。随着企业的持续成长和规模的不断扩张，财务部门的职责分工变得更为复杂，这也导致了财务管理部门之间的权责关系变得模糊，从而削弱了财务部门的监督能力。财务共享中心的运用不仅优化了企业的财务管理流程，还改进了财务管理部门的组织结构，有效地整合了各种财务信息，确保了财务数据的准确性和安全性，从而保障了财务管理系统的稳定运行。财务部门有责任定期对财务数据进行检查，进行深入的财务分析，整合所有的财务信息，并对财务管理流程进行细致的整理，同时根据实际的财务需求合理地配置人力资源。同时应当根据企业的整体发展规划来制定相应的财务管理运行机制，统一管理财务信息，将财务运行风险、融资风险等纳入财务管理信息化系统中，加强预算管理工作，从而在整体上提高企业管理信息化的水平。

2. 提升企业财务管理信息化水平

通过财务共享中心，企业的财务管理信息化程度得到了明显的提升，使得企业的财务管理效率也有了更大的进步。伴随着现代信息技术的快速进步，企业有能力通过财务共享中心来加强财务管理的信息化建设，重塑财务管理信息化的工作模式和流程，并根据企业的实际需求来优化财务管理系统，从而进一步推动企业财务管理系统的信息化进程。充分利用财务共享中心的优势，强化财务数据的数字化处理流程，确保财务数据的准确性和安全性，并规范财务管理的工作标准。

3. 优化企业财务管理的流程

我国的一些企业面临财务管理流程的混乱问题，而优化财务管理流程正是财务共享中心所具有的显著优点。为了确保财务人员在处理财务管理业务流程时的完整性和准确性，应该明确工作职责、重视工作方式，并采用智能信息技术对财务管理流程进行实时的监控。通过将企业财务管理与财务共享中心的质量管理思想相融合，进一步规范企业的财务管理模式，简化财务管理的工作流程，从而在一定程度上降低企业的运营成本。与此同时，针对市场的不断变化，应对财务管理流程进行了技术性的调整，并通过财务共享中心来优化企业的内部和外部资源，从而使企业能更有效地适应市场的波动和时代的进步。

在当前信息技术迅猛发展的背景下，企业应当充分发挥现代信息技术的潜力，充分利用财务共享中心的优点，完善企业的财务管理系统和流程，从而全面提高企业的财务管理质量。与此同时需要加大对财务人员的培训力度，加强他们的专业技术，提高他们的整体素质，并努力提高财务管理的效率和水平。

二、大数据的发展推动财务管理智能化发展

（一）智能财务

智能管理系统，以智能决策、智能行为和数据发现为中心，是智能财务的显著特点，它可以帮助企业的决策者做出明智的决策。

在财务管理中，智能化的应用具有无可比拟的优势，因为大数据已经涵盖了所有的财务信息，这使得它在财务管理中的应用变得更为简便。智能化更能适应基于多变量的可描述规则，这也正是企业会计准则的表现。在财务工作中，有许多重复的任务，但这些任务都可以借助智能工具轻松完成。

在智能财务的发展过程中，信息的搜集、组织、处理、分析和展示只是信息系统的一部分，更为关键的是信息系统能够替代企业的管理层来做出决策，根据企业的具体需求来搜集相关数据，并进行深入的数据分析，这样便能迅速且精确地进行计算，模拟得出结果，并据此作出相应的判断和决策。

通常情况下，一个完备的智能财务系统应该包括三个不同的层次，并且需要一个在这三个层次中都能运行的智能财务平台。这三个级别是基础层、核心层以及深化层。基础层是基于流程自动化的财务机器人；核心层是业务与财务深度整合的智能财务共享平台；深化层则是基于商业智能的职能管理会计平台。这三个层次都是通过基于人工智能的智能财务

平台来实现整合的。随着人工智能技术在未来的持续发展，智能财务平台预计将进一步向三个层级渗透和深化。

（二）基于流程自动化的财务机器人

2017年国际四大会计师事务所陆续推出了财务机器人，这个名为RPA的新鲜事物逐渐由审计领域进入更广泛的财务领域。RPA（Robotic Process Automation），即机器人流程自动化，它并不是一个具有物理形态和实体的机器人，而是一种软件技术，能够模拟人类的脑力劳动，自动完成规则导向、结构化、可重复的任务。在财务工作中，有大量的标准化、重复性和低技术要求的任务，如数据的收集、审核、每月的自动结算和银行的自动对账等，利用RPA技术可以高效且准确地完成这些任务。

随着人工智能科技的持续进步，RPA可以在多个财务行业中起到关键作用，例如按照既定规则进行重复性的操作；应用于中央服务器的部署和管理，实现业务应用程序之间的互动；融合财务共享的业务流程，提升财务工作的效率并加强财务管理；与大数据和云计算等先进技术的融合，提升财务工作的智能化水平。

（三）基于业财深度一体化的智能财务共享平台

RPA代替了人们在传统财务规则下的重复和繁琐工作，实现了自动化处理，而基于业财深度一体化的智能财务共享平台则对传统的财务流程进行了再造。

仅当与业务紧密结合时，财务才能真正展现其创造价值的能力。尽管大家已经认识到业务与财务整合的关键性，但真正成功地将业务与财务整合的企业仍然很少。为了实现业财融合，需要将企业的业务流程、会计核算流程和管理流程紧密结合，创建一个以业务为驱动的财务一体化信息处理流程。这样可以实现最大程度的数据共享，将业务数据和财务数据整合在一起，从而更好地掌握企业的实时经营情况。然而在传统的企业管理结构里，业务流程、会计核算流程和管理流程这些环节都是彼此独立的，因此缺少能够将它们有效整合的技术方法。

利用基于业财深度整合的财务共享平台，企业的传统财务操作流程得到了重塑，达到了流程的自动化、数据的真实性和交易的透明度，使得企业重新聚焦于以交易管理为中心的运营理念。通过构建一个融合了内部和外部的创新财务运营管理体系，以及一个基于财务共享平台的在线商城，我们实现了大宗采购、公务车辆、办公用品和差旅服务的全面互联网化。这不仅简化了供应商和客户之间的直接交易流程，还极大地简化了财务处理的各个环节。无论是大规模的采购还是企业的日常消费，都可以在线完成。此外，系统还支持自动对账和报销功能，从而实现了企业业务流程、财务流程和管理流程的有机整合。当员工因工作原因需要预订酒店时，他们只需登录企业的在线消费 APP，系统便会自动与相应的电商平台建立连接。系统会按照既定规则进行筛选和比较，并为员工推荐最佳的预订路径。当员工在线提交订单后，系统会自动进行预算的验证和支付，并生成相应的电子发票信息。在员工出差的时候，所有的相关信息都会被储存在系统里，到月底只需一张发票就可以完成结算，实现了员工出差时的零垫付，从而实现了会计核算的自动化。

（四）基于商业智能的智能管理会计平台

从财务核算向财务管理的转型已经成为一种不可逆转的趋势，从另一个视角来看，从以财务会计为核心的工作模式转向以管理会计为主导的工作模式是不可避免的。管理、整合、处理和分析数据的技能也反映了管理会计的能力。

在企业的经营活动中，小数据、业务数据和社会大数据被视为三种常见的数据类型。长期以来，企业主要依赖小数据和结构化数据，但这些只是企业接触的数据中的一小部分。而那些内容丰富、包含大量潜在价值和规律的非结构化数据和半结构化数据，往往很难被清洗、整理、加工，因此处于休眠状态。这批数据涵盖了多种格式的文字、图像、报告、办公文件、图片、音频和视频资料等，其中包含了与客户特性、购买行为和偏好有关的宝贵信息。事实上，许多人已经认识到，那些经常被忽视的数据，如非财务数据、非结构化数据和半结构化数据，实际上是企业决策者真正需要的关键信息。数字化对财务操作的深远影响主要体现在数据的需求和应用上。利用先进的智能技术，可以从大量的数据中筛选、整合这些非结构化和半结构化的数据，并将其有效地利用。

商业智能利用先进的数据仓库、在线处理、数据挖掘和数据展示等技术，对数据进行整合和分析，从而创造其商业价值。以商业智能为基础的智能管理会计平台展现出了高度的灵活性和广泛的视角，它能够最大化地利用商业智能的模型化能力，为企业提供立体化、多维度的信息数据，并为企业的管理团队提供智能化和科学化的信息支持。

（五）基于人工智能的智能财务平台

在财务领域，人工智能的应用主要集中在三个方面，即感知应用、学习应用以及自然语言处理应用。其中感知层面的应用指的是通过让计算机看、听和交流等方式来获取相关信息。学习层面的应用指的是利用机器学习来解决具有多变量和多计算规则的模型问题，同时能够收集大量的预测参数并进行迅速的计算分析。

更具体地说，上述的三个层次的人工智能技术可以被应用于财务领域的六个不同方向，包括但不限于财务预测，这包括对财务指标的预测和对未来财经状况的深入洞察；经营策略的推演涵盖了确定最佳资产结构、产品投资策略的推演等方面；风险的量化涵盖了智能预警和量化的经营风险等多个方面；关于价值的优化，这涉及对企业的现金、成本等资产进行深入的优化和分析；决策的自动化过程涵盖了构建决策模型和进行决策判断等多个方面；信息推荐，如决策建议、智能问题解答等。

随着现代科学和技术的不断进步，财务领域将更加深入和广泛地应用人工智能技术。在最近的几年，利用人工智能技术成功地对企业的财务状况进行了预测，进行了经营策略的推演，并对风险进行了量化处理。相信在不久的将来，凭借智能财务平台的强大学习、计算和响应能力，人工智能技术有能力为企业提供更为精确和实时的信息服务。在某些方面，它甚至有潜力支持或替代企业管理层实现决策的自动化。

第五章 “互联网+”时代财务管理创新发展

第一节 “互联网＋”时代财务管理优化的措施

一、重视财务管理的战略地位

在我国，随着市场经济的迅速发展，成为世界第二大经济体，财务管理的标准和能力都在显著提升。众多的国内公司也开始采用财务管理分析工具，以增强管理的质量和效率，推动管理走向更为综合和细致的方向。尽管如此，许多企业在财务管理上仍然停留在基础层次，侧重公司的内部运营，管理能力相对较弱，更不用说财务管理的长远战略了。互联网推动了社会经济向信息化和复杂化的方向发展，这促使企业在经营哲学、管理模式和组织结构上进行深刻的改革。此外，为了适应不断变化的市场经济环境，企业还需要缩短调整的时间周期。在这样的背景下，企业的财务管理部门肩负着为这些变化提供数据支撑的关键职责，包括财务预算、风险控制和战略管理等方面。

二、采用去中心化的财务管理方式

各种企业可以通过网络实现更快速和更深入的互动，这进一步推动了组织结构向多样化和扁平化的方向发展。在“互联网＋”背景下，传统的企业财务管理方式主要依赖集中控制，这种方式很难满足多元化的需求，因此企业应当考虑削减中心的权力。去中心化的概念并不意味着减少管理和控制的强度，而是强调大数据平台的建设和从该平台中提取信息资源的重要性。该平台拥有出色的数据处理功能，并配备了表格、流程图等标准模型，为用户提供了构建程序和工具，以便于数据处理和信息交流。这个数据平台具有极高的兼容性，可以在一个统一的框架内对生产、销售、资源和人力资源等多个方面的数据进行深入的分析和研究。在目前这个阶段，众多企业在大数据平台的建设过程中已经获得了显著的进展。例如，对于云计算技术的运用，工作人员能够通过云端进行会计数据的共享，从而实现数据远程控制，企业工作效率得到极大的提高；管理人员也能通过对平台数据资源进行深入分析来预测企业即将面临的风险因素以进行适当调整，提高企业对环境的适应性，还可以促进企业的财务共享。

三、财务工作非结构化分析和处理

传统的会计核算流程通常都是基于统一的标准来进行的。在处理一般的经济事务时，会有一些固定的模式，例如业务的产生、账务记录、会计报告等，这些流程和表达方式都显得非常刻板，而会计数据则展现出强烈的结构化特点。随着互联网在经济市场的广泛应用，财务部门在其工作模式和管理哲学上都经历了翻天覆地的变革。得益于网络的广泛覆盖，财务工作中的许多障碍都被消除了，工作人员成功突破了各种限制，他们在信息收集和数据分析方面的能力也得到了显著的提升。此外，互联网为项目的评估、流程的优化和成本的管理等多个方面提供了有利的环境。

随着“互联网＋”平台在财务管理中的应用，财务操作将变得更为灵活，而不仅仅是简单和刻板的计算。它的数据收集、处理和管理范围应该包括所有与公司业务相关的信息和资源。“互联网＋”的时代是一个大数据的时代，只有拥有强大财务能力的企业才能更好地适应这种环境。财务专员需要对与公司业务有关的各类报告和非报告数据进行综合分析，并对非结构化数据进行深度研究，这无疑对员工的专业能力和工作水平设置了更高的标准。在进行财务报表的分析时，应当充分考虑外部环境的影响，其中涵盖了企业的资金流转状况、盈利的规模、负债的状况以及未来的发展潜力等方面。此外，还需要对财务报表中的附注信息、业务信息等电子数据进行综合分析，特别是要关注重大资本的运营、重大或潜在的风险和财产损失、大额资金流动等问题，并结合结构化和非结构化数据进行综合研究，对一些重要的非结构化数据进行结构化处理。对某些环节的评估结果进行检查，并结合现行的法律和法规来审查财务工作的具体制度，进而评估企业的内部控制体系是否完善和高效，并对其潜在风险进行估计。

四、构建大数据平台

“互联网＋”对于企业而言，最显著的贡献是大大提升了企业管理的智能化水平。预算的编制、执行和监督并不是简单的线性流程，而是需要从多个维度进行综合分析，从各种不同的视角去审视问题，具有很高的技术含量和复杂的心理因素。目前，我国的企业在预算管理上还面临许多挑战。大部分企业只拥有基础的预算编制技能，预算数据主要基于过去的经验，很少考虑到快速变化的外部市场环境和条件，这导致预算数据缺乏科学性和准确性，无法为管理层提供有力的决策支持，也难以帮助企业进行准确的预算调整。此外，许多企业的预算控制机制并不健全，其信息化的技术水平也相对较低，在预算的分析上往往仅仅依赖于图表的形式，而没有充分考虑到企业的各种实际需求和所处的环境状况。

在“互联网＋”时代背景下，需要构建一个与之相适应的财务管理模式。大数据平台将打破数据挖掘和应用的障碍，基于这个平台的财务管理体系具有强大的功能，能够高效地收集企业财务、业务、事项环境等各个方面的历史数据，能够更加科学地分析企业预算目标、编制预算报告，并绘制更加合理的预算管理流程。通常，企业的预算管理系统会在特定的编制和调整阶段进行更新，而在业务系统中，数据更新的周期则相对较短。企业有能力通过大数据平台，在进行预算监控的过程中，实时对比和分析企业的业务信息系统数据与预算系统数据，以便进行即时的数据调整，从而增强监控效果，并进一步提升企业管理的质量和水平。

五、改进财务管理工作流程

总体而言，我国在财务管理信息化方面的发展历程可以概括为以下四个主要阶段：首先是借助计算机技术进行基础的财务运算；其次是信息资源的共享，整个集团都是通过终端设备来分享公司的数据；再次是局域网，数据资源通过服务器与端口互相交换；最后是当今被称为“互联网+”的时代，信息的数据量呈现出爆炸性的增长趋势。在过去，会计处理方式通常都是按照既定的步骤进行的，决策人基于这些步骤的结果来做出选择。然而，在愈演愈烈的市场经济背景下，这种传统的会计方法逐步暴露出其固有的局限性，导致越来越多的相关方难以获取及时且具有高利用价值的会计信息数据。随着网络技术的不断进步，“互联网+”时代的兴起不仅显著提升了企业财务操作的效率，还为财务人员提供了实时获取大量有价值数据的能力，实现了信息的实时传输。这样，他们可以根据实际需求，迅速而有效地收集可靠的财务信息，从而为企业提供了坚实的数据基础。

通常情况下，企业会经历四个相互关联的循环过程：资金流、物资流、人员流和信息流。与财务部门紧密相连的主要因素是资金流和信息流。在企业运营中，业务和资金通常被高度重视，而这两个因素最理想的状态是它们能够步调一致。然而，由于资金流是财务部门的职责，传统的操作模式不可避免地会导致某种程度的延迟，从而使业务流程与资金流动出现不协调。随着“互联网+”时代的兴起，电子商务的快速扩张使得网络交易方式变得更加多样和便捷。业务和资金开始逐渐接近和融合，它们之间的对称性和同步性也得到了提升，这为企业在业务和资金配置方面的优化创造了有利条件。

在“互联网+”的时代背景下，各大企业都面临着巨大的挑战和冲击，他们必须不断地探索新的策略，紧紧抓住每一个机会，并调整自己的经营哲学和工作方法。财务管理部门肩负着巨大的责任和使命，其会计工作正在向大数据、多角度和多种形式的方向发展。为了实现企业的跨越式发展，财务管理部门需要根据企业的独特性质，沿着这样的宏观方向，在细节中追求创新，以找到有效的发展路径。

第二节　“互联网＋”时代财务管理观念创新

财务管理的理念是人们在长时间的生产活动中逐渐形成的对财务事务和行为的基本理解和看法，它不仅是指导财务管理实践的核心价值观，也是解决财务管理问题的起点。财务管理观念代表了一种相对恒定的集体意识，它是社会、经济和企业文化的一个重要分支，包含着民族的精神、价值观、企业管理哲学和经营思想，被集团成员所接受，决定并影响着财务管理的活动。企业所面临的财务管理环境快速变化，在不同的财务管理背景下，财务管理的焦点也会有所不同。因此，对企业财务管理观念的创新研究具有至关重要的实际意义。

观念塑造了思维方式，而思维方式又决定了前进的路径。财务管理观念不仅是企业在制定财务管理战略和实施财务管理活动时的核心指导思想，而且也是财务管理工作的基石。它对企业的财务管理内容、方法和工作质量产生深远的影响。一个企业的财务管理观念是否先进，将直接决定其经济效益和企业的持续发展与壮大。因此，在“互联网＋”背景下的财务管理环境中，我国的企业及时创新其财务管理理念变得尤其关键。

一、责任观念

在目前的企业发展过程中，存在着责任缺失的现象。一些企业缺乏对社会的责任感。随着社会进步和经济发展，企业在社会责任方面并没有完全适应经济增长的节奏，社会责任的不足或缺失事件屡见不鲜，这给消费者造成了巨大的心理冲击。另外，由于资本市场的不完善、股权的相对集中以及法律监管的不足，导致我国的中小股东长期处于一个相对不利的位置。这种情况不仅严重打击了中小股东的投资激情和主动性，同时也对企业的成长造成了障碍，并给我国的证券市场资源分配带来了巨大的负面效应。为了杜绝这些现象，促进企业健康发展，需要做到以下三点。

（一）财务管理应更加重视社会责任

作为市场的核心参与者，企业也是财务管理活动的中心。因此，财务管理的实际目标的现实选择应是股东主导下的利益相关者财富最大化。其核心意义在于出资者与其他相关利益方的权益共同进步，以确保企业或其财务管理在经济和社会目标上达到均衡。

（二）完善企业内部社会责任

具体包括两方面：

第一，保护股东尤其是中小股东的合法权益。在大股东掌握企业信息的情况下要保护中小股东的知情权，以免在信息不对称的情况下，频繁发生大股东侵犯小股东权益的事情，同时加强中小股东在董事会中的表决权，使中小股东有权参与企业方针政策的制定和投资计划。

第二，加大员工社会责任投入。是要做到以人为本，在财务管理的过程中要高度重视人、充分激励人。为了实现企业的财务管理目标，在财务管理中应该重视这两点：一是自主管理。财务管理活动参与生产和经营领域的各个方面，与财务状况和经营成果的大小是密切相关的。为此，应该明确企业部门、各层次、各级员工职能并使其各司其职，实行自主管理。二是全员参与。把员工看作财务管理的伙伴，让员工参与财务目标和企业重大决策的制定，并且一起讨论相关的政策。同时要鼓励员工关心企业，将自己的目标与企业的目标结合起来，与企业荣辱与共，不断开创企业财务管理新局面。

(三)完善企业外部社会责任

具体包括如下五个方面：

第一，健全债权人完善机制。作为企业最大的债权持有者，银行在企业资不抵债的情况下承受的损失是最大的。因此，银行可以参与企业的治理过程，这不仅可以迅速了解企业的生产和经营情况，还可以获取完整的信息。从另一个角度看，作为最大的债权人，银行能够积极地参与企业的各种决策过程，推动企业向对其自身有利的方向前进。

第二，对供应商全面负责。首先，必须严格遵循合同条款，恪守自己的权益和职责，并确保及时支付给供应商的款项；其次，不能因为面临不公平的竞争环境，就对供应商提出过高的标准，这样的做法将不可避免地使企业和供应商双方都有损失，甚至可能给其他相关利益方带来负面影响；最后，不能仅仅因为企业是付款方而对供应商提出不合逻辑的要求。因此，在进行企业财务管理时，供应商的角色和因素是不可忽视的。

第三，加强监督和完善消费者市场。首先，需要建立一个标准化的信息公开机制，确保消费者能够全方位地掌握商品的各项信息，从而做出最佳的选择；其次，作为产品的消费者，他们有权要求企业对产品质量承担责任，并对企业产品的合格性进行监控；最后，当企业面临公关危机时，应该及时召回产品并向客户道歉，而不是为自己的错误找借口。

第四，要履行环境责任。首先，要注重资源的节约并致力于生态环境的保护；其次，应当致力于改进企业所面临的环境状况，避免生态环境进一步恶化。这意味着企业需要在日常运营中不断地培育和提升员工的环境保护意识，坚定地避免对环境造成破坏和资源浪费，一旦环境受到损害，应立即采取措施进行修复。作为一种典型的社会职责，环境责任应当受到企业的高度关注。

第五，完善慈善事业机制。政府要明确慈善事业的具体范围，并鼓励企业主动参与社会公益活动。与此同时，政府部门也应明确规定企业应当承担的法律责任，以法律手段促进企业积极参与并成功完成社会公益任务。

二、智能化观念

全球科技的迅猛发展引发了世界性的科技革命，使产业发展发生了极大变革，推动了人类社会的进步。以数字化和网络化为代表的信息技术的快速崛起以及与计算机相关的信息产业的高速发展，对人类的生活和社会经济都产生了巨大影响。在信息技术和信息产业的推动下，财务管理和企业管理都经历了深刻的变革，这也标志着新的发展阶段的开始。

在“互联网+”的时代背景下，为了寻求更多的生存和成长机会，众多企业选择了联合、收购、重组和兼并等多种策略，这也导致了企业规模的持续扩大，孕育出了大量的大型企业。当这些大型企业面临全球经济的巨大波动时，它们也将遭受更为严重的打击。为了更好地应对各种风险，跨国公司更应该对其财务进行集中和统一的管理，以减少由分散的财务管理带来的不利影响。传统的独立计算机和局域网很难满足这些需求，由此产生的财务决策延迟和资金调整不当等问题导致了大量的经济损失。

随着企业财务管理智能化这种前沿的财务管理方式的出现，上述的需求得到了相应的解决策略。在全球财务管理日益国际化的背景下，跨区域的公司可以利用网络技术为其在不同地区的分支实施人工智能化的统一财务管理。这样各个分企业或分营业单位的财务活动可以相对独立地进行，总企业可以进行智能化的统一管理，而分企业则可以利用财务管理平台智能查询各营业单位的财务信息。同时，分散在各个地区的人们也能够利用网络的交互功能来做出集体决策，汇聚来自不同领域和层次的信息与智慧，集思广益，以更为科学和高效的方式作出选择。

（一）财务管理智能化的含义和优势

随着信息技术的持续进步，它的技术深度和复杂性都在不断上升，智能化思维也开始在财税领域中得到广泛应用。智能化财务管理是一个集现代通信与信息技术、计算机网络技术、行业技术和智能控制技术于一体的系统，专门为财务、税务和财务管理应用而设计。财务管理借助信息技术和智能化手段，实现了企业与集团之间的信息和资源的共享，从而将企业的财务管理能力扩展到企业的各个方面，使得企业领导能够实时了解其下属单位的资源和财务状况，并能够灵活安排各项活动。

通过智能化的财务管理，使财务行为与资源有机结合，这不仅最大化了资源的利用效率，还显著提升了管理层的工作效率。智能化被视为企业财务管理的核心策略，而这种智能化财务管理的根基在于企业管理的数字化和网络化。如果没有大数据和互联网的支持，这种智能化的财务管理就会失去其支撑。既然智能化的财务管理理念有潜力成为时代进步的核心，那么它肯定具备一些独到的优势。

第一，大数据优势。业界将其归纳为 4 个“V”：Volume，Variety，Value，Velocity。大数据优势指的是通过“互联网＋”平台，传递数据的体量更大（Volume）；数据类型更多（Variety），包括视频、图片、地理位置，网络日志等信息；价值密度更低（Value），以视频为例，连续不间断监控过程中，可能有用的数据仅仅有一两秒；数据的传递速度更快（Velocity）。以往由于传统的信息收集方法和地理位置的限制，投资者往往无法获取投资决策所需的全方位信息，这导致他们获取的信息通常是不全面的。在“互联网＋”的时代背景下，投资者不只是在任何地点和时间都能获取他们所需的各类信息，他们还可以运用智能决策技术。

第二，成本优势。在传统的财务管理模式下，企业规模的扩张通常会伴随着多个营业网点的设立，而在每个营业网点成立后，还需要建立独立的部门，这无疑增加了企业的运营成本，同时，营业网点之间的直接沟通和交流也会产生巨额的通信费用。然而，在采用智能化的财务管理模式时，这些成本和费用是可以被忽视的，企业有能力通过网络来对各个营业网点进行有效的监控和管理。

第三，时空优势。智能化的财务管理方法打破了传统财务管理的局限性，允许企业在全球任何位置都能随时进行财务活动，真正实现了时间和地点的无限制，为客户提供了便利，同时也提高了企业的运营效益。

第四，效率优势。时间就是金钱，在进行财务管理时，投资者需要投入大量的时间、精力和资金来收集必要的信息，并做出最合适的投资选择。随着互联网技术的不断进步，企业能够通过智能机器人来分析信息并作出最优的投资选择，这不仅提升了投资者的工作效能，还使得决策过程更为精准。

（二）智能化财务管理观念的现实意义

第一，有利于工作效率的提高。对于那些规模较大的企业集团，其下属单位能够直接利用总部提供的各种设备和设施，这就确保了整个企业运营的一致性和规范性。这种方式的优势在于能够自动按照特定条件对大数据进行分类、总结和获取，更便捷地进行横向和纵向的数据比较和分析。智能化的财务管理不仅能够适应企业内部的多种组织结构，还能够为企业的内部管理带来极大的便利。总部能利用网络技术，实时、智能地查询其下属单位的财务状态，从而对企业的各种情况有一个更为准确的了解。通过网络技术，各个单位可以组成一个整体，这极大地提升了总部在处理问题时的效率和准确性。

第二，使网络智能办公模式成为现实。借助财务管理信息系统，企业所有的财务信息都被以企业组织的方式存储在云端，实现了数据的集中管理。财务人员可以通过该系统获取想要了解和查阅的财务信息，也能在任何时间、任何地点办公，网络技术为财务管理人员与公司其他部门之间的在线沟通提供了可能性，为未来财务策略的创新奠定了稳固的基础，并为企业改革创造了一个至关重要的交流平台。

第三，充分发挥事前和事中控制职能。传统的财务管理方式主要是对一段时间内提交的财务报告进行分析，这使得财务人员在某些情况下只能采取事后补救措施。然而通过大数据技术的信息化和智能化应用，总部能够实时通过云端获取各下属单位的财务状况，包括资金、收入、销售和利润等，从而实现财务信息的即时处理和传播。这不仅能及时发现下属单位的问题，还能为决策过程提供更为合理的信息和资料，降低企业可能面临的各种风险，实现事前和事中的有效控制。

第四，提高了财务人员的综合素质。通过在企业内部构建云计算平台，财务专业人士不仅开始学习财务相关的知识，还逐渐熟悉和掌握了计算机、互联网和云计算技术等多个领域的基础知识，同时那些主要从事计算机相关工作的人也开始接触并学习财务方面的专业知识。在走向智能化的过程中，财务人员有机会摆脱日常复杂的计算和编制财务报表的任务，转而投身管理工作，从而为企业培养出全方位的复合型人才，这些人才是企业在“互联网＋”时代获得竞争优势的关键支柱。

（三）实现智能化财务管理的措施

互联网、大数据和云技术等技术对人们的生产和日常生活产生了深远的影响，因此在我国，推动企业财务管理向智能化方向发展是至关重要的。这意味着需要做到以下四个要点：

第一，安全策略。无论是在财务系统的内部还是外部，都不可避免地会出现各种形式的干扰和威胁。为了有效抵抗这些干扰和威胁，需要加强对信息输入、输出和传输过程的管理，并对信息传输的合法性进行严格监控。在整个网络财务系统的多个层次中，都应当实施安全预防措施，并构建一个多层次的综合保障机制。

第二，增强智能化财务管理的意识。智能化的财务管理观念要求公司的财务团队勇于开放思维，与时代同步前进。传统的财务管理主要依赖人力，每一次的变革都会给企业的员工带来不同程度的痛苦。企业的财务人员不能只看到思想的变革给人们带来的痛苦，还需要意识到这一趋势给企业带来的机遇和挑战，积极配合领导的安排，做好财务管理走向现代化的准备。

第三，健全网络财务管理法律法规建设策略。清晰地界定了财务工作人员应当履行的职责和应当承担的义务，财务信息应遵循的标准和规定，以及监管机构应享有的权利等方面。为了确保电子商务的流畅运行和网络财务信息系统的稳定运行，应当尽快制定并完善相关的电子商务法律法规，并加大对网络犯罪的打击力度，为其创造一个安全的外部环境。

第四，网络财务技术人才策略。鉴于智能财务领域的迅猛进展，强化学生在智能网络技术和现代信息科学方面的教育与培训变得尤为重要。为了适应“互联网＋”时代的需求，我国的高等教育体系需要对现有的财会教育结构进行调整，更新其教育工具和策略，更加注重实际操作和实践经验，并加速财会专业教学内容的改革，以培养学生的适应性和创新能力。

三、绿色观念

从宏观角度看，人类已经从地球走向了外太空，而在微观层面，研究的焦点已经深入原子核的内部。随着科技的不断发展，这种进步似乎是可以持续的，人们的生活将变得更加美好，但实际情况并非如此。传统的进展方式为人类的生活带来了诸多挑战，首先是资源短缺。传统的经济增长主要依赖于不可再生自然资源的大量消耗；其次是环境的污染问题。由于经济的增长，大气、水资源、噪音和固体污染等问题对人类的生活带来了巨大的风险；最后，土地遭受了严重的沙漠化，导致原始森林和稀有生物种类大幅下降。

正是基于现代社会面临的各种危机，人们逐渐选择了走向可持续发展的路径。可持续发展指的是一种既能满足现代人的成长需求，同时也不会对未来几代人的需求能力造成负面影响的发展模式。为了实现可持续发展的战略目标，企业在进行财务管理活动时必须始终秉持绿色观念。

财务管理是整个管理流程的中心环节，因此绿色管理工作是绿色观念的根基。绿色管理工作意味着将环境保护的理念融入管理活动中，旨在解决企业和社会面临的生态环境问题。财务管理中的绿色观念强调从资金流动和资金管理的角度来平衡企业的财务目标、环境挑战和资源分配问题。

(一)绿色观念的现实意义

绿色观念强调,企业在追求自身利益的生产过程中,不应只考虑自身利益而忽视未来几代的发展。企业应最大化地利用有限的自然资源,确保资源的最佳利用,并始终遵循国家的法律和法规,主动地保护环境,这是一种全面的财务管理思维。绿色观念旨在在环境保护和有限资源得到充分和合理利用的基础上,达到企业利益的最大化,并促进企业与社会之间的可持续发展。绿色观念的核心思想是将盈利、资源节约与环境保护融为一体。绿色观念的现实意义主要体现在以下三个方面。

第一,财务管理的绿色观念是企业长远发展的需要。在传统的生产模式中,公司对资源的使用效率极低,通常需要大量的投入,但产出却相对较少,这种情况导致了资源的大量浪费,并显著增加了对环境的损害和污染。当资源的使用效率较低时,企业对资源的需求会显著增加,从而导致生产成本的上升,而在环境污染的再治理过程中,所投入的资金可能远超过采取措施减少污染,这间接提高了公司的运营成本,给公司的长远发展造成了阻碍。目前在全球范围内,众多企业已经开始将是否持有相关证书作为衡量企业在环境保护方面付出努力程度的标准。因此,为了确保企业的长期稳健发展,企业必须主动将财务管理的环保理念融入企业生产的每一个环节和部门,这样才能确保其始终拥有可持续发展的优势。

第二,树立财务管理的绿色观念是实现我国经济可持续发展的需要。首先,财务管理中的绿色观念与可持续发展的目标是一致的。这两个目标都要求在追求经济利益的同时,实现社会价值的提升。也就是说,在企业经济快速增长的背景下,需要合理地开发自然资源和保护生态环境,以确保资源和环境不仅能满足现代人的需求,还能满足未来几代人的发展需求。其次,可持续发展观念构成了财务管理绿色观念的理论根基。对于企业来说,将可持续发展的观念融入筹资、投资、资本运营以及股利分配的每一个环节是至关重要的。在所有企业的生产和经营活动中,环境成本的产生都是不可避免的。因此,企业在管理的每一个环节都必须给予环境成本足够的重视。在预算财务活动的成果和经营状况时,应将资源和环境成本降至最低。同时,在评估和考核财务活动时,也应将资源的合理利用和生态环境的破坏程度作为评价和考核财务活动的重要标准。

第三,财务管理的绿色观念是强化人们环保意识的需要。随着经济的持续增长,人们不断地从环境中获取大量资源,又不断地排放大量的废弃物和污染物,这远远超过了环境的承受能力。如今,环境议题已逐渐成为全球各国民众普遍关心的焦点,这意味着在经济增长的过程中,人们必须培养环境保护的意识,从而为未来几代创造一个可持续发展的生态环境。

(二)实现绿色观念的措施

财务管理中的绿色观念与人类对于环境保护和可持续发展的期望是一致的,它不仅挑战了传统的财务管理思维,而且代表了经济和时代的前进步伐。在日常生活中,为了确保绿色财务管理的理念能够迅速地渗透财务管理的每一个环节,政府需要实施以下策略。

第一,国家强制执行。随着环境问题的加剧,政府出台了众多的法律和规章来限制和规范公众的行为,例如《中华人民共和国环境保护法》《中华人民共和国水污染防治法》和《中国环境与发展十大对策》等,这些法律法规都要求各企业严格遵循。政府要加强对违反法律法规的企业的惩罚力度,通过实施这种严格的政策,可以促使企业在财务管理活动中培养保护环境和节约资源的意识,逐步将保护环境转变为一种自觉的行动。

第二,政府要积极地鼓励进行绿色财务管理的企业。政府在加强对违反法律法规的企业的惩罚措施的同时,也应激励主动遵循相关政策的企业,在信贷和税务方面给予一定的优惠措施,以便企业能够明确地认识到,响应政府号召对其自身发展是有益且无害的,从而全方位地激发企业的积极性和热情。

但是,仅仅依赖政府的限制来推广绿色观念是不够的。企业需要加强对绿色财务管理的认识,这意味着在日常生产和运营过程中,企业必须遵循以下四个核心原则。

第一,企业的经营目标要以绿色财务管理理论为指导。在当前社会背景下,环境与污染的问题越来越明显,绿色消费的理念逐渐被大众所接受,消费者的购买观念也经历了巨大的转变,他们更倾向于购买成本较低、对环境污染较少的绿色产品。在面对市场的激烈竞争时,企业在确定其经营目标时,必须同时考虑环境和资源的问题,并在每一个经营环节中积极推进绿色经营策略,以全方位提升企业的经济回报并塑造一个正面的企业形象。

第二,培养领导者的环境风险意识。环境风险是指在企业的生产和经营活动中,由于资源的浪费和环境污染导致的一系列不利于企业持续发展的风险因素。如果风险变成了现实,那么企业将遭受无法挽回的损害。因此,企业领导者必须有勇气正视这些风险,并寻找最有效的风险管理策略。

第三,增强员工的资源环境意识。企业应致力于使资源和环境的观念深入每一位员工的心中,确保他们深刻认识到资源和环境在人类历史进程中的核心地位。特别是对于财务部门的员工,他们更应该迅速地从传统的财务管理思维转向更为环保的财务管理方法,并以全新的态度参与财务管理。

第四,绿色财务管理要求企业实行绿色会计。绿色会计是一种旨在补偿社会和自然资源消耗的会计方法,它通过对环境及其变化的测量、揭示和研究,为管理层提供了一套详尽、精确和实用的环境信息理论和操作技巧。在分析会计报表时,需要引入一些与绿色财务紧密相关的指标。这些指标旨在评估企业在环境保护、提高资源使用效率等方面的努力和存在的问题。通过与这些指标的比较,企业可以根据自身的不足,采取针对性的措施来改进工作流程,从而提高经济效益。

四、以人为本观念

在企业的生产和经营活动中,人扮演着核心的角色。每一个财务操作都是由人来启动、管理和控制的，而这些操作的效果很大程度上依赖人的知识、智慧和付出的努力。人类智慧与创新在当代经济社会中扮演着中心角色并拥有固有价值，因此企业需要改变其财务管理的传统观念，确立一个以人为中心、知识驱动和以人为本的管理哲学，并构建一个将责任、权利和利益紧密结合的财务操作体系。在执行财务管理任务时，企业应当使用那些拥有丰富知识、高度责任感和对工作充满激情的员工，以充分释放他们的潜能。为了达到财务管理的目标，必须将科学发展观作为会计工作的指导原则，并确立以人为中心的管理理念。在“互联网+”的时代背景下，企业财富的主要创造因素从物质资本转向了知识和技术资本。因此，企业的财务管理不应仅仅关注物质和金融资产，财务管理的观念也需要进行相应的转变，从另一个角度看，对企业的总资产，包括知识和技术资本，进行市场化的操作和管理是一项充满专业性、技术性、综合性和前瞻性的任务，传统的有形资产管理方法已经难以满足这一需求。

企业不仅要把人放在首位，还要确立对人才价值观。在“互联网+”的大背景下，面对日益激烈的行业竞争、不断增长的风险以及高新技术的飞速进步，企业若想保持领先地位，就必须将知识视为增长效益的关键，并确立对知识、科学和人才的高度重视，同时培养知识效益的观念。知识将会超越物质资源，成为企业不可缺少的首要经济资源，而人是知识的承载者，对知识的管理最终是对人的管理。在“互联网+”的时代，人力资本将变成影响企业和整体社会经济增长的最关键要素。具备多种技能的人才可以增强对企业财务管理市场趋势的预测和判断能力，提升财务管理的战略决策质量，并制定出能使企业价值最大化的竞争策略，从而使财务管理更好地满足信息化时代的需求。因此在知识经济中，人才成为关键的制高点，并成为新的竞争中心。企业在财务管理上的焦点应当从传统的物质资源管理模式转向更加注重人力资源的管理，并构建一个将人力资源与物质资源融合的财务管理体系。只有当企业成功地将专业人才和物质资源融合在一起，才能有效地激发管理人员的工作热情、主观能动性和创新能力，进而不断提升产品的科技水平和知识储备，以实现更高的盈利。

五、安全观念

随着信息技术的持续进步，信息的传递、处理和反馈速度显著提升，企业将面临来自全球商品市场、要素市场和金融市场等多方面的冲击，这将使财务风险变得更加复杂。如果企业不能有效地规避和预防各种风险因素，那么它们将不可避免地陷入严重的财务危机。首先，随着风险的增加，风险管理在整体财务管理体系中的重要性将显著提升，任何依赖错误或不及时信息的投资决策都将增加企业面临的投资风险；其次，随着创新金融工具的涌现，企业在筹资和投资的途径、时间和空间上都经历了显著的变革，这无疑增加了资本筹资投资的风险；最后，随着知识的快速更新和产品生命周期的缩短，这不仅增加了企业的存货风险，还增加了产品设计和开发过程中的风险。因此，在企业持续追求创新与成长的过程中，必须确立安全的财务管理理念，进行深入的风险评估，并增强对各种风险的预防和防范能力。鉴于风险具有高度的复杂性，构建一个财务风险预警系统成为迫在眉睫的任务。企业需要加强对风险的安全意识，能够敏锐地捕捉到环境变化带来的不确定性，并能够系统地识别可能出现的财务风险，有计划地采取各种安全预防措施，将可能遭受的风险损失降至最低。

第三节　“互联网＋”时代财务管理理念创新

理念与观念都源于意识，它们之间的主要差异在于，理念是基于理性思考形成的，它代表了对观念的再次理解，是从这些观念中提炼出的理性观点。随着信息技术的进步，“互联网＋”时代得到了进一步的发展。从财务管理的理念中提炼出的理性财务管理观点需要与企业的管理需求相匹配，因此在“互联网＋”背景下，财务管理理念的创新变得尤为关键。

一、“零存货”理念

(一)零存货实施的时代背景

存货是企业流动资产中一个极其重要的组成部分,存货控制或管理效率的高低直接反映着企业收益、风险、流动性的综合水平。在传统的企业运营中,存货的管理和控制显得尤为关键,既不能过多也不能过少。过多的存货不仅会导致存货堆积,降低产品质量,还会增加仓储费、保险费、维护费和管理人员薪资等多方面的支出,从而占用企业的资金并影响其利润。而存货过少则可能导致失去一部分客户,进一步影响销售量。因此,在企业的生产和经营活动中,维持合适的库存是绝对必要的。在“互联网+”的背景下,随着大数据和云技术的广泛应用,人类社会已经步入创新的阶段。企业完全具备改变传统的存储材料待生产、库存商品待销售的生产和经营模式的条件和能力,这不仅可以减少库存,甚至可以完全不进行储备,从而减轻库存对企业资金流动的压力,还能提高资金的使用效率。

(二)零存货的基本含义

“零存货”概念来自适时生产系统,是指企业在供、产、销各个环节,使原材料、在产品和产成品等的库存量趋近于零,避免存货占用资金的储存成本、机会成本等,并防范存货的过时、减值、跌价、报废、毁损等风险,是一种由后向前拉动式的生产方式。在传统的生产模式中,生产流程是由前向后推进的,前一个生产步骤占据了主导地位,而后一个生产步骤则是被动地接收从前一个生产流程转移过来的加工目标,并继续执行其后续的加工任务。这样的生产模式无疑会在生产和经营的每一个环节中积累大量的原材料和半成品,并在产品中进行储存,这将大量消耗企业的资金。然而在适当的生产系统中,采用了从后到前的拉动式生产模式,并以客户订单中关于产品数量、质量和交货时间的具体要求作为生产组织的基础起点。前一个生产流程严格遵循后一个生产流程中所规定的原材料、产品和半成品的数量、质量以及交货时间来组织生产活动，并在供应、生产和销售的各个环节尽量减少库存或采用“零存货”的生产理念。在这一理念指导下，企业无需在原材料、半成品、产品和成品等方面进行库存准备，这样就避免了传统生产系统占用企业大量资金的问题。这使得企业能够实施“以市场定销售，以销售定生产，以生产定部门”的生产经营战略，从而提高资金的使用效率和企业的经济效益。

（三）零存货管理的基本理念

实施零存货管理的思想，要求企业供应、生产、销售等各部门必须实行统一计划，精心安排和合理配置企业的相关经济资源，实现均衡生产。

1. 领会零存货管理思想，各部门协调合作

现阶段许多企业的高层领导和员工对于零存货管理的理解仍然不够深入，他们依然坚持将大量的存货视为企业资产和财富的代表。然而，由于存货容易变得陈旧、堆积和变质，并且流动性差，固定囤积存货将不可避免地导致企业资金紧张和财富贬值。而理解并实践“互联网＋”时代的零存货管理思想是解决这个问题的有效途径。

在企业的管理流程中，为了满足各自的管理需求，各个职能部门都会确保存货维持在一个特定的水平。销售部门期望维持一个相对较高的库存水平，以确保所有库存商品都能满足不同客户的需求，同时避免因商品不足导致的生产和销售上的损失；生产部门期望维持高水平的产品和材料库存，通过大规模生产来减少生产成本，并避免由于材料不足导致的生产延迟；采购部门期望维持一个较高的原材料库存水平，他们大规模地采购原材料以降低采购成本，并确保能够及时进货，以防止因供应中断导致的生产减少和停滞；财务部门更倾向于尽量减少存货资金的使用，以确保企业资金得到高效的运用，并防止因存货货款的使用导致机会成本的损失。显然，由于企业内部各职能部门的管理需求，对存货水平的要求存在相互矛盾的情况。因此在存货管理方面，销售、生产、采购和财务等多个部门需要紧密合作和相互协调，以实现企业的整体优化和最大化利益。

此外，一些人的观念存在误区，他们认为零存货意味着没有库存。由于产品的生产与销售在时间和地点上存在差异，简单地将零存货视为完全无库存是不现实的。在企业的生产和经营活动中，存货消耗的速率是不稳定的，产品的生产周期存在波动，而销售的数量也是不稳定的，这些因素共同导致企业的存货不可能始终为零。因此，在实行零存货管理时，各个部门都需要深刻理解其重要性，努力减少物资在各部门的滞留时间，降低库存量和库存额。利用“互联网+”时代的大数据和物联网技术，实现生产经营需求与材料物资供应的同步，确保物资的转运与企业的加工速度保持一致。这样可以确保各部门的业务能够有序、有计划地进行，保证供应、生产、销售和财务各个环节都能纳入计划轨道，并培养员工对零存货理念的系统认识。作为企业的领导者，他们应当身体力行，改变传统思维，深入了解在“互联网+”背景下的企业管理策略。这样，当企业发展顺利时，他们可以带领各个部门使企业更加繁荣，而在企业面临困境时，他们可以采取创新策略，让企业转危为安。由于移动互联网、大数据和物联网的普及，信息传播的速度和途径都得到了极大的提升。因此，企业领导需要拥有战略家的智慧和判断力，从宏观和战略的角度出发，明确企业的经营战略和管理思维，促进企业在存货管理、财务管理和全面管理方面向更好的方向发展。

2. 设置生产统筹职位，实现生产多样化智能化

在企业的生产和经营活动中，部分客户在购买产品之前会提前下单，而另一些客户在下单时会有许多不确定因素。因此，为了更有效地执行零存货管理策略，可以将客户的需求细分为通用产品的需求和特定产品的需求。那些购买专用产品的客户通常倾向于提前下订单；尽管通用产品的订单通常不是很明确，但企业的销售团队仍需进行预估。为了更好地协调销售部门、生产部门和供应部门之间的沟通，企业可以考虑设立生产统筹岗位或成立生产统筹部门。统筹专员将根据订单和市场预测的需求，随时了解和督促采购部门的采购活动，适时调整销售计划，并每周末提交下周的交货安排。在供应商出现供货延误或其他突发状况时，应迅

速与客户沟通以确定产品的交货时间，并及时告知生产部门调整之前的生产策略。在这种情况下，企业应该把供应商加入高度关注的名单中，并适时扩充新供应商的数量。通过生产统筹专员的有效协调，成功避免供应、生产和销售部门之间的严重断裂，这也成了零存货管理策略的核心环节。

针对专用产品与通用产品的区别，生产部门应当采纳两种不同的生产策略。第一种是基于订单数量进行生产，第二种则是补充库存量的生产。拉动式生产是一种基于订单量的生产方式，它是从客户的订单的最后一个工序开始计算所需的生产量，然后根据最后一个工序所需的数量来逆向推算前一个工序需要的生产和加工数量，直至推进到第一个工序。根据生产进度和原材料的需求，系统会最终确定向供应商购买所需材料的订单。这种从后向前的拉动式生产模式实现了真正的零存货状态。补充库存量的生产方法是企业基于以往的经验来评估每周的产品需求，并结合销售需求计划和库存数量来确定每周的生产量。这种方法也是根据需求来决定产量的，但由于依赖经验和估计值，有时可能会出现一些偏差。这两种方法应结合使用，由负责生产安排的人员和统筹专员根据实际需求进行沟通，以确定最后的每周生产计划。

在“互联网＋”的大背景下，企业需要努力推进智能化的生产流程。这不仅可以随时满足客户的各种需求，还可以极大地减少在生产过程中由于人工操作而产生的不可避免的缺陷，并消除生产次品对整体生产流程的负面影响。因此，各个部门如采购、销售、计划和财务等，都应该利用大数据和云技术进行数据处理。根据不同的时间和地区的市场需求，他们应该设计出最佳的生产策略，选择最合适的进货途径，并持续监控企业的生产和经营各个环节，以确保生产和经营活动能够顺利进行。

3. 采用 ABC 分类法采购存货，严格控制采购成本

零存货指的是企业在供应、生产和销售的各个环节中，将原材料、半成品和商品的库存减少到几乎为零的状态。为了实现这种零存货管理的目标，并迅速获得高质量且价格合理的存货，企业可以将存货分为 A、B、

C三个等级，将价格较高、数量较少且需要预订的存货分类为A类；把价值较高且可供赊账购买的存货分类为B类；将金额相对较少、需求量较大且需要进行批量采购的存货分类为C类。针对不同种类的存货，应采取各异的采购战略。对于A类存货，应与供应商签订长期供货合同，并定期确定所需的供货数量，以确保存货的即时使用和分发。这样的供应商数量不应过多，只需维持一到两家，以制造商为主导；B类存货可以根据订单或计划的生产需求选择三到五个供应商，主要是生产商和经销商；鉴于C类存货的金额相对较少且数量众多，供应商的选择可以适当放宽一些条件。利用“互联网+”的优势，可以在网络平台上设置最低警戒线，一旦超过这个警戒线，系统会自动报警，提示存货的购买数量和需求。这一存货管理策略的主要优点在于它能有效地减少成本和支出，同时也能预防存货老化、减值和损坏等各种风险，有助于提升企业整体的经济效益。

4. 建立稳定可靠的大数据购销网络

采购部门有责任构建一个稳健的采购网络，通过比较不同厂家的进货价格、质量、规模和运输条件等多个方面，明确采购的具体地点、目标群体或产品种类，并广泛掌握所需的各类原材料、燃料、半成品以及在产品和低值易耗品等方面的供应商资质等级和供货地址等详细信息。在“互联网+”的背景下，充分发挥大数据和云技术的优势，进行信息的收集、识别、处理、审核和确认，并与供应商建立长期稳定的合作关系，以确保企业能够及时、适量地获取生产所需的原材料和其他存货。鉴于零存货管理的核心理念以市场需求为导向，并根据销售结果来确定产量，企业应当充分利用大数据技术来跟踪和了解不同时间和地区的市场动态和销售状况。根据这些信息，企业可以制定出相应的营销策略和竞争策略，拓展销售渠道，为企业赢得稳定的订单，构建一个稳定而可靠的销售网络，平衡地组织生产活动，避免产量的大幅波动和资源的积压浪费。除此之外，企业在销售过程中也应重视信用体系和信用政策的建立以降低收款的成本，并加快资金的回收速度，提升资金的使用效率。

二、“零营运资本”理念

(一)零营运资本的概念及理论依据

营运资本代表了企业流动资产和流动负债相减的净额。从根本上讲,零营运资本是对“零存货”概念的进一步拓展。在传统的财务管理方法中,流动比率被视为评估短期偿还债务能力的关键指标。这一指标越大,意味着流动资产对流动负债的偿还能力越强,企业对于支付义务的准备越充足,短期偿还能力越强;如果某一指标低于或等于1,即流动资产小于或等于流动负债,那么企业的运营可能会因为资金周转不畅而被中断,称为具有较高风险的企业。

然而,如果流动资金的比例过高,可能是因为库存中的商品和材料积压过久、过时或滞销,或者是因为应收账款到期后无法收回的占款,从而导致用于偿还债务的货币资金严重不足。正是出于这个原因,众多国家的知名公司都在努力实践“零营运资本”的经营理念。

高效率的营运资本与出色的营运资本管理确保了哪怕是较少甚至是“零”的营运资本,也能带来明显的经济利益。追求零营运资本的主要目的是为了减少应收账款和存货的总量,降低不必要的资产占用,从而提高企业的经济效益。零营运资本理论的核心思想是,通过提高营运资本的周转效率,可以有效减少存货和应收账款的使用,从而释放原先用于存货和应收账款的资金,进一步提升企业的经济效益。

(二)零营运资本的作用

零营运资本这一概念实际上应用了财务杠杆,它体现了用较少的营运资本获得较高回报的能力。这种杠杆效应主要体现在这四个方面:第一,追求零营运资本,能够激励企业加强对应收账款的管理,促使企业积极地制定应收账款的信用标准和信用政策,严格执行收账制度,以确保应收账款能够快速回收,从而避免坏账的产生,并保证资金的顺畅流转;第二,追求零营运资本,可以激励企业加强对存货的管理,加快存货的周转速度，缩短存货周转时间，避免因存货过时、滞销、积压、浪费等因素占用资金，从而在节约开支的同时提高企业的经济效益；第三，追求零营运资本，能够激励企业加快营运资本的周转速度，从而释放用于应收账款和存货项目的资金，这些资金将应用在“互联网＋”时代的技术、无形资产、智能创新和生产经营再投资等方面，进而提升企业的经济效益；第四，追求零营运资本，这有助于实现更精确的资金投入、更高的生产能力和更快的销售收款速度。这不仅可以加速企业的循环周期，还可以促使企业的设备和产品进行更新换代，更好地适应“互联网＋”时代的市场竞争。既可以巩固老客户的基础，还可以吸引新客户，从而增加企业的利润。

三、“零缺陷”理念

“零缺陷”理念是指零缺陷的全面质量管理理念。全面质量管理是指为了能够在最经济的水平上充分满足顾客要求而进行市场研究、设计、制造和售后服务，把企业内各部门的研制质量、维持质量和提高质量的活动构成一体的一种有效的体系。

质量不仅是企业生存的核心，也是企业获得良好经济效益的根本。一个公司的盈利水平主要取决于其是否对质量成本严格管理，如果企业在首次尝试时未能完成工作，导致产品质量不达标，那么企业需要投入更多的时间、资金和努力来进行补偿。因此，任何质量上的损失都可能需要投入比成本还要高出数倍的人力、物力和财力来弥补，这不仅会损害企业的质量声誉，还会造成巨大的财富浪费。

为了在“互联网＋”背景下的市场竞争中持续生存和成长，企业必须在产品质量上投入更多的努力。随着现代社会对产品结构的需求变得越来越复杂，对产品的精确性和可靠性的要求也逐渐提高，这将导致企业面临更高的质量成本负担。综上所述，全面的质量管理被视为质量经营的核心，与传统的质量管理方法相比，它具有更强的竞争优势。全面质量管理的核心目标是实现零缺陷，所指的零缺陷意味着所有的产品都达到了规定的标准，即将不达标的产品数量减少到零。为了达到零缺陷的全面质量管理目标，必须在每一个生产环节、每一个工序和每一个加工步骤中，都严格按照预先设计好的流程进行质量控制，以确保在每个生产阶段、每一个工序和每一个步骤中都没有任何缺陷，从而实现最终产品的零缺陷。因此，零缺陷在成本效益方面是合理的。零缺陷全面质量管理的核心理念是对每一个加工流程进行持续的质量监控。一旦在加工过程中发现任何问题，应迅速采取相应措施进行修复或修正，以实现生产线上缺陷的即时智能和自动化控制。绝对不允许任何有缺陷的部件从一个生产流程或步骤转移到下一个生产流程或步骤，确保在整个生产过程中实现零缺陷。

四、“零起点”理念

“零起点”的思想起源于管理会计中的零基预算概念，这种零基预算的全称是以零为基础编制计划和预算的方法，也就是在制定预算时，所有费用项目的支出都以零为基础，不考虑过去的情况，而是深入探讨每个预算是否有必要支出以及支出的规模。这类预算并不是基于过去的经验进行调整，而是在年初重新评估每个活动对于达成组织目标的重要性和成果，基于成本与效益的分析，重新确定管理活动的优先级，并据此确定资金和其他资源的配置。

在这个充满竞争和技术创新的“互联网＋”时代中，“零起点”的定义正在逐渐扩展，并将影响企业管理的每一个方面。如果一个企业的工作流程从“零”开始，不仅可以让企业焕然一新，还可以激励企业突破传统，从一个全新的角度重新审视他们的工作流程。面对经济环境的巨大转变和市场竞争的日益激烈，“零起点”的竞争策略将会越来越受到企业领导者的喜爱。

总而言之，在“互联网＋”的背景下，追求“零”作为一种创新的财务管理观念，已成为企业提升竞争力和增加经济效益的有效途径。

第六章　“互联网+”时代财务管理战略模式的创新

第一节　“互联网＋”时代商业模式创新

在“互联网＋”的大背景下，随着企业价值链的持续扩展，企业应该朝着更加满足客户需求的方向努力，确保企业盈利的关键在于为客户创造更多的价值。在“互联网＋”的时代背景下，企业不仅在财务战略的实施上获得了坚实的基础，同时也推动了商业模式的创新。这使得客户更加愿意参与企业的变革和创新过程，企业与客户在持续的创新中共同享受“互联网＋”带来的便利，从而获得更多的经济利益，客户也会享受到更多的实惠，实现企业的良性循环，并最大限度地满足客户的需求。

对于企业来说，如何借助“互联网＋”的强大优势，创新其商业模式以确保长期盈利，已经成为实施企业财务策略中的核心议题之一。商业模式的含义正在从经济和运营层面扩展到战略层面，强调商业模式应在特定市场中创造可持续的竞争优势。随着社会和经济的持续进步，各种创新的商业模式层出不穷。这些商业模式的定义也在不断地完善和升级，其涵盖的内容也变得越来越丰富和复杂，包括但不限于产品、服务、市场和供应链等多个方面。目前，这些商业模式正在逐渐形成一个市场需求与资源紧密结合的复杂系统。

一、商业模式的基本概念

随着工业经济时代向“互联网＋”时代的转变，商业运作模式也经历了巨大的变革。在互联网带来的不稳定因素影响下，传统的商业运作模式遭到了彻底的颠覆，以往可依托的商业壁垒也被打破，因此任何经验主义都显得力不从心。众多实例都表明，在“互联网＋”的时代背景下，商业模式应该鼓励消费者参与生产和价值创造，实现厂商与消费者之间的紧密联系，共同创造和分享价值。只有这样才能同时享受来自制造商供应方面的规模经济和范围经济的优势，以及来自消费者需求方面的规模经济和范围经济的好处。商业模式是一个组织在明确了外部条件、内部资源和能力后，为了整合自身、客户、供应链合作伙伴、员工、股东或其他利益相关者，以实现更高的利润而进行的战略创新意图和可实现的结构体系以及制度安排的集合。而在“互联网＋”时代，商业模式是在充满不确定性和边界不明确的网络环境中，通过供应和需求双方建立的社群平台，利用其隔离机制来确保组织的稳定并实现连接红利的模式群。

二、“互联网＋”时代商业模式新特征

“互联网＋”的特质驱动了新商业模式的发展，表现在以下四个方面：

(1)“互联网＋”带来了厂商组织环境的模糊与“混沌”，使厂商的经营处于一种边界模糊、难分内外的环境中。“互联网＋”的模糊让传统的产业分工、以往成功的商业模式变得毫无意义。

(2)在“互联网＋”的时代背景下，由于环境的不稳定性，企业的商业策略呈现出强烈的不确定性和不可预测性。这意味企业已经没有了坚实的基础来支撑，只能不断地创新和变革，任何在“互联网＋”时代取得成功的策略都难以长久维持。

(3)“互联网＋”推动去中心化。与中心化媒体相比，甚至与早期的门户网站和搜索互联网时代相比，现今的“互联网＋”已经从少数人创建或机器组织内容，然后大众分享，转变为共建共享。自媒体导致了互联网中

心的原子化，使得信息能够自我传播。随着微信、人人、微博等更符合大众需求的服务的出现，信息的来源变得更加多样化，包括大众生成、大众参与和大众共有。

(4)“互联网＋”时代的商业模式具有极强的不可复制性，没有一模一样的东西，也没有完全相同的商业模式。

随着工业经济时代的到来，许多商业模式中的关键元素在“互联网＋”模式的影响下开始逐步消失。商业模式包含了创造价值的逻辑与商业资源的高效整合，在“互联网＋”的背景下，价值创造的方式发生了转变，导致商业资源流向的不可避免的调整。分销渠道曾是商业模式中不可或缺的一部分，在工业经济时代，“渠道为王”是商业模式的核心思想。利用他人的分销渠道或分销商体系来进行产品的销售和配送，成为厂商在工业经济时代实现价值创造和增值的关键手段。然而，在“互联网＋”的背景下，当出现“脱媒”现象时，供应和需求的双方可以在没有外部渠道支持的情况下进行互动。例如 O2O 模式，它通过线下体验进行线上购买，无需任何中间步骤，直接促成双方之间的交易行为。曾经分销渠道被视为商业策略的核心部分，但由于其不能有效创造价值和整合资源，因此在“互联网＋”时代的商业策略中被遗弃。

三、“互联网＋”时代商业模式创新

在“互联网＋”的背景下，新的商业元素在商业模式逻辑中正逐步形成。在“互联网＋”的背景下，整个世界都是通透的，不能仅仅通过地理距离来构建区域性市场，也不能人为地将不同的厂商分隔开来，再加上“互联网＋”带来的高度不确定性，一个商业模式通常只允许一个厂商生存，因此很少有完全一致的商业模式存在。同时，人们之间的交互变得更为紧密，知识的传播范围扩大，知识创造的难度降低，推动商业模式持续创新，使商业模式的替换速度变得更快。然而在“互联网＋”时代，商业模式的创新背后有一个普遍的逻辑，那就是以社群为核心的平台模式，也可以称为社群逻辑下的平台模式，简称社群平台，这是“互联网＋”时代商业模式创新的核心要素。

（一）社群

社群是指那些汇聚在一处，持有相同价值观的社会组织。其中一些分布在特定的地理区域，而另一些则分布在虚拟网络中。一些学者认为在互联网环境下，社群构成了一个两两相交的网络结构，主要用于满足和服务客户需求。当社群发展到一定阶段时，它将开始自我运营，这是一个自我组织的过程。所谓的社群逻辑实际上就是以顾客为中心的C2B商业形态。品牌与消费者的互动关系已从单一的价值传递模式转变为厂商与消费者之间的双向价值合作。在社群的影响下，传播被赋予了新的含义——价值互动（Value Interaction）。Value Interaction也可以被翻译为价值界面，代表着制造商和消费者之间的交互界面。同时，制造商的品牌被赋予了社群的关系特性，转变为社群的品牌，并融入顾客多次价值互动的体验中。从社群逻辑的视角出发，由于人们的主动参与，产品的各种属性都获得了显著的提升。一个产品的使用寿命不再仅仅是有限的，它可以因为关键人物的存在而被减少或增加；一个产品的销售波动与其与人或网络的关系稳定性有关，而不是简单地受制于产品的生命周期；在产品管理方面，不再依赖各个阶段的市场、金融、生产、销售和人力资源策略，而是转向大量参与者在一个网络中持续地确保价值结构在多次评估过程中的稳定性。同理，在社群逻辑的指导下，市场的定义也经历了转变。现在的市场不仅仅是制造商和消费者之间进行价值交换的地方，它已经变成了制造商和社群消费者合作网络中知识交流、互动和增值的核心场所。顾客不仅仅是知识创新的参与者和构建者，还是知识创新的另一个重要来源，并从中直接获益。创新知识的起源现已变得不那么明确，这种社群逻辑与工业经济时代的规模逻辑存在着显著的差异。

在规模经济的时代，企业的规模越大，其经济回报也就越高。这主要是因为企业需要满足标准化和流水线生产的需要，产品的种类越少越有利。但是社群的思维方式彻底改变了这种传统观点，大规模的定制产品正在逐步占据主导地位，这些产品的价值是在大规模定制的过程中，制造商和消费者相互影响从而创造出来的。为了在激烈的市场竞争中脱颖而出，制造商必须致力于满足长尾末端市场的需求，因为这是实现成功的关键环节。值得一提的是，在社群逻辑的框架内进行跨社群的营销活动是毫无意义的，这是因为社群更注重个性的体现，而非物以类聚的现象。你正因为群内对于产品的独特性有着特定的需求，这导致了社群粉丝对产品规模进行限制的现象。因此，社群逻辑实际上是规模逻辑的逆反。从另一个角度看，如果厂商不对自己的范围和规模进行限制，并且没有自己的核心追随者或崇拜者社群，就无法实现其价值。在“互联网+”的背景下，企业获取资源以创造价值，并对社区产生高度的依赖。当然，这也意味着制造商需要具备开发多种产品的能力，以满足社区中各种不同的粉丝的需求。只有在网络或社群得以建立的情况下，品牌和服务才有可能稳定地建立或共同构建起来。因此一些人认为，在“互联网+”的时代背景下，品牌所展现出的是一种“榴莲精神”——对喜欢的深爱到骨子里，而对不喜欢的则毫无情觉，这种观点是有其合理之处的。基于各种不同的需求，人们形成了各种不同的喜好，这导致了不同的圈子或社群的形成。因此制造商在产品研发时，不再仅仅关注“物”，而是更多地关注“人”或“社群”。从社群逻辑的角度来看，可以认为在“互联网+”的时代背景下，经济结构更多地是以人为中心，而不是以产品或物品为基础。

（二）平台

过去的平台主要指的是计算机操作的环境，但随着经济领域的引入，产品平台、技术平台和商业平台相继出现。在当前的管理学领域，平台被视为商业模式的核心部分，它增强了在信息与沟通技术背景下的商业模式布局能力。平台不仅可以加强已经构建的商业逻辑，还有助于提高制造商或其战略联盟的决策质量。一方面，该平台为供应和需求双方提供了互动的平台，加强了信息的流通，减少了用户在搜索有价值信息时的成本，并为双方提供了一个实现价值交换和创造价值的环境。正因如此，该平台成功地消除了信息不对称的问题，突破了过去由信息不对称引发的商业障碍，从而为跨领域合作创造了有利条件。另一方面，平台的存在有助于构建相应的制度框架，通过对该平台进行有效管理，可以避免功利主义的倾向，从而更好地保护消费者和供应商的权益，并增强平台参与者之间的凝聚力。从另一个视角来看，平台有助于社群的发展。

在“互联网＋”的背景下，制造商和消费者共同创造的价值构成了价值创造的核心。互联网公司可以被视为顾客平台级公司，其核心目标是从被动接受消费者行为转向主动地参与消费者行为。企业需要确保客户能够全面参与产品创新和品牌推广的每一个步骤，消费者群体也渴望能够参与产品的创意、研发和设计过程，期望产品能展现出其独有的特点。在工业经济的背景下，这部分的需求被定义为未被利用的资源。这种需求之所以难以被注意到，一方面是因为它的存在，另一方面是由于需求量过小，难以实现大规模的生产。然而在“互联网＋”的背景下，制造商的感知和柔性生产能力都得到了显著的增强。长尾末端需求的出现揭示了当前市场正在经历从数量有限的主流产品和市场（即需求曲线的前端）向数量庞大的狭窄市场（即需求曲线的尾端）的转变和发展趋势。只要确保流通和存储的稳定性，范围经济下的市场份额完全有可能与之前规模经济下的市场份额持平，甚至可能更为优越。任何能够满足其需求的厂商，其生存和盈利的能力都会相应地增强。

从边际效益递增的视角来看，顾客平台级公司所倡导的社群逻辑导致厂商在经营方式上与工业经济时代的厂商有所不同，主要体现在这些方面：①注重挖掘传统市场边界之外的潜在需求，特别是长尾末端的需求；②注重超越传统产业市场边界，往往进行跨界经营，推出处于价值链的高端或具有独特性的新产品或新服务，具有较高的效用价值；③注重追求针对社群消费者心理需求与社会需求的效用创新，注重为消费者创造产品的功能价值（需要满足）、情感价值（如品牌知觉与忠诚）、学习价值（经验、知识累积的机会）；④注重市场顾客的消费体验，强调厂商组织的所有活动都是顾客体验，即从产品研发、设计环节开始，到生产、包装、物流配送、渠道终端的陈列和销售环节都有消费者体验，使边际效用递增；

⑤重视来自需求方的范围经济，使消费者之间的效用函数相互依赖，而非相互排斥。

（三）跨界

跨界是指在不同的行业和领域中进行的合作活动，也常被称作跨界合作。这常常象征着一种不容易被察觉的大众喜爱的生活态度和审美观念。毫不夸张地说，跨界合作确实满足了互联网对模糊边界以产生新价值的追求。通过跨越各种不同的行业、领域，甚至是文化和意识形态，可以创造出全新的事物。跨领域的合作为许多之前不相关或甚至不相容的元素提供了连接，从而创造了价值。

从产业的角度来看，虚拟经济与实体经济的结合，以及平台型生态系统商业模式的兴起，使更多的产业界限变得不明确。从制造商的角度来看，随着专业分工变得越来越细致，虚拟化的组织形式大量涌现，这使得制造商能够跨越各种界限。从知识结构的角度来看，互联网极大地改善了信息不对称的情况，使得跨越传统产业的跨界人才和产品经理的出现变得可能。

跨界合作不仅可以增强产品对外部环境的适应性和延长其使用寿命，更为关键的是，它可以将竞争模式转变为合作模式，从而降低进入市场的成本。需要强调的是，品牌的核心价值在于其知名度和忠实用户的数量，这些并不能直接通过资金投入来实现，而是需要更多的机会和积累。跨界合作产生的价值与涉及的知识的复杂性和跨领域的跨度是正相关的，同时与过程中产生的新事物的寿命、环境适应能力和竞争力是正相关的。跨界人士通过一种开放的创新方式为企业提供了创新商业模式的可能性，但这种可能性会因不同的产业而有所不同。

（四）资源聚合与产品设计

从资源的基本观点出发，社群平台成功地实现了资源的选择和整合功能。因此在互联网时代，社群平台作为一种具有异质性的资源，其重要性不言而喻。根据厂商的资源基本理论，组织可以被视为资源的累积。资源构成了一个组织保持其竞争力的核心驱动力。它们应当是有意义的、无法被完全模仿的、不可取代的。一些学者认为,当资源可以帮助制造商在满足客户需求的同时,以较低的成本或更好的方式满足客户需求时,这些资源就是有价值的。另外,如果某一资源能够创造出新的机遇或中和制造商在环境中所面临的风险,那么它也具有价值。还有一些学者持认为,如果资源可以赋予厂商拥有或实施有助于提高其效率和影响力的战略,那么这些资源也是具有价值的。资源不仅拥有其独特的属性,同时也是资源交流和聚合的重要场所。社群平台不仅为消费者提供了更高程度的满意度,同时也为制造商实施了一种隔离策略。总的来说,在工业经济的时代,技术和资源是最宝贵的,而在“互联网+”的时代,社群平台则是最具价值的。

从动态能力的角度来看,社群平台成功地实现了资源的整合和有效利用。社群平台有助于推动产品设计领域的进步。“产品设计”这一词汇是资源配置在“互联网+”中的术语,它代表着一个充满创意和综合性的信息处理流程,通过这种产品设计,人们的需求得以具体化,并逐渐趋近于最佳状态。尽管厂商是资源的承载者和集合体,但不论其规模有多大,资源始终是受限的。为了生产出新的或更优质的产品,企业必须重新配置资源,整合新的资源,并采用新的策略来整合现有的资源。当现有的产品已经不能满足厂商的发展需求时,如何通过资源的重新配置来创造价值成为厂商发展的核心问题。在这个强调个性和突出偏好的社群平台上,目标客户的需求和期望可以被放大到最大程度。然后厂商会配合C2B策略,根据需求提供生产,通过产品设计,使产品的使用价值最大化,满足顾客的需求,从而最大程度地实现供需平衡,满足价值创造的需要。

第二节 “互联网+”时代的财务管理与企业战略创新

商业模式与财务管理策略之间的联系,是业务与财务之间的联系,与业务相对应的是商业模式,而与财务相对应的则是财务管理策略。前面的商业活动会直接影响幕后的财务状况。因此，从理论角度看，商业模式与财务管理策略之间存在深厚的因果联系。具体来说，商业模式影响投资策略，而投资策略在很大程度上决定了筹资策略。筹资策略在某种程度上会影响甚至限制投资策略，投资和筹资策略也会共同作用于经营和分配策略，最终对企业的价值产生影响。

一、战略及战略管理的特征

随着人类社会的不断进步和发展，战略思维和理论已被广泛应用于多个学科领域，并催生出一系列新的专业术语，包括政治战略、外交战略、科技战略、教育发展战略、经济发展战略和企业经营战略等。战略的定义经历了广泛的扩展和深化，作为一种思考模式和领导技巧被广大地应用于各种管理领域，并催生了众多新的学科领域，其中企业战略管理便是一个典型例子。

从 20 世纪 80 年代开始，企业战略管理作为一种创新的管理思维方式，在商业领域得到了广泛的使用。与此同时，战略管理的理论也经历了扩展和完善，构建了一个相对完整的理论框架。尽管战略管理被众多人视为企业成功的核心要素，但关于战略和战略管理的定义和理解在不同人之间仍存在显著的分歧。这些分歧不仅反映了战略管理是一个新兴学科，还展现了企业组织中战略议题的复杂性和多元性。

（一）长远性

制定企业战略时，关键是要考虑到企业未来的生存和成长，只有着眼未来，企业战略的成功才能得到保障。因此，衡量战略的好坏的关键标准之一是看它是否有助于达成组织的长远目标，并确保长远利益的最大化。这正是战略管理与常规战术或业务计划之间的明显差异，也就是说，战略管理更倾向于关注长期的利益，而非短期的利益。如果一个产品或项目在短时间内可能盈利，但其长远的市场前景并不乐观，且不能增强企业的核心竞争能力，那么从战略管理的视角来看，这种产品或项目不应被生产或建设。反之，如果一个项目虽然在短期内可能会导致亏损，但从战略管理的视角来看，其长期市场潜力巨大或与技术发展趋势相呼应，只要经营得当，就能获得长期稳定的收益，从战略管理的角度来看，这个项目应当实施。由于战略管理具有长期性，企业需要根据外部环境和内部条件的变化，对企业生存的战略问题进行长期的规划。

（二）竞争性

市场就像没有硝烟的战场，制定战略的核心目标是在激烈的市场竞争环境中与其他竞争者竞争，并在争夺市场和资源的过程中获得有利的地位。企业战略管理的核心是制定和执行一种竞争策略，制定这种策略的主要目标是确保企业在激烈的市场对抗中能够制定出与对手对抗的行动计划，从而使企业能够成功地击败对手。因此，企业战略管理与那些仅仅为了改进企业状况和提升管理质量而不考虑竞争因素的行动计划的制定和选择有所不同，这也是企业战略管理在激烈的市场竞争环境中产生和壮大的根本原因。

（三）层次性

尽管各个企业在规模、类型和层次结构上存在差异，但它们在战略管理上的核心层次是一致的。一般对于大中型企业而言，企业战略可以划分为以下三个层次：

1.总体战略或企业战略

主要包括发展战略、稳定战略、紧缩战略等全局性的管理战略，总体战略管理主要是决定企业选择哪些经营业务，进入哪些领域。

2.竞争战略

主要研究不同行业经营战略等方面的战略选择与应用，它主要涉及如何在所选定的领域内与对手进行有效的竞争，因此，它所研究的内容是开发哪些产品或服务，这些产品将提供给哪些市场等。

3.职能战略

主要包括财务战略、生产战略、研发战略、营销战略等。在实际工作中，不同企业、不同层次战略的侧重点和范围不同，高层次的战略变动总会波及低层次的战略，而低层次的战略影响范围较小，尤其是职能战略涉及的问题一般都可以在部门范围内加以解决。

(四)全局性

企业战略管理是一种以企业整体需求为出发点,为满足企业长期发展目标而展开的管理行为。它明确了企业的整体策略,追求企业的整体成果,并为企业的所有活动提供了全面的指导和规划。尽管企业战略管理确实涵盖并定义了企业的某些特定活动,但这些特定活动是在战略管理过程中作为整体活动的重要组成部分而产生的。举例来说,如果一个企业的整体战略目标是在一年之内成为国内最大的家电制造商,那么要实现这一战略目标,就需要进行一系列的局部战略管理活动,包括但不限于经营突破口的选择、产品质量、定价策略、分销渠道的优化、技术进步、企业形象的塑造以及组织结构的设计。因此,在进行战略管理时,全局性的考量也应聚焦于如何平衡局部与整体的利益关系。如果某个产品部门或销售部门设计或销售劣质产品,这可能会损害公司的整体形象,但同时会增加部门的利益,这种情况下的做法应该是“丢卒保车”。一位卓越的指挥官和企业家总能在复杂的环境中掌握大局,从而制定出合适的战略计划。另外,从战略管理的宏观角度看,企业的战略方向必须与国家的整体策略和社会经济的总体目标保持一致,也要与全球的经济和技术进步保持同步。

二、财务管理战略的含义及特征

从传统的观点出发,财务管理被认为是企业功能管理的一个组成部分,只是企业管理的一个方面,因此它具有战术性的特点,而不是战略性的特点。然而,随着企业规模的不断扩大和市场竞争的加剧,再加上战略管理和竞争理论的进一步完善,人们越来越清晰地认识到,财务管理不只是“策略”和“战术”两个方面,它对公司的长远发展有着直接的影响,是企业战略的一个重要组成部分。

财务管理战略涵盖了企业战略和财务管理这两个核心领域,因此关于“企业战略”和“财务管理”这两个术语的定义存在很大的分歧。因此笔者运用研究战略和战略管理定义的方法,在吸纳和参考了国内外专家和学者的不同观点,形成了一个较为全面的定义。

（一）以财务战略目标为导向

任何一项成功的战略都需要在明确的目标导向下得以实施和完成，如同一个人不知道自己将前往何方就无法启程的基本道理是一样的。财务管理战略目标为企业财务战略的形成确立了方向，定义了企业财务战略的边界，即财务战略应当做什么而不应当做什么。因此，企业财务管理战略目标在整个财务战略系统中处于主导地位。

财务管理战略目标旨在服务于企业的战略目标，使企业获得持久的竞争优势，为企业财务管理战略的整体发展方向提供明确的指导，并为财务管理战略设定了具体的行为规范。这有助于明确财务战略方案的选择范围，并排除那些与企业发展和财务目标不符的战略选项。通过将财务管理战略，特别是财务战略的形成过程，限制在一个合适的框架内，可以使财务管理战略对企业财务活动的发展目标、方向和路径进行全面、客观和科学的总结和描述。同时，清晰的财务管理战略目标为财务管理战略赋予了明确的属性，并将其视为企业战略管理的一个重要子系统和服务于实现企业战略目标的关键工具。这一战略目标必须遵循企业战略管理的各项要求，与企业战略管理保持协调一致，从而在财务层面上支持和推动企业战略的成功实施和完成。

（二）以企业竞争力为核心

在各种经济行为中，一个企业的竞争力会直接受到其财务战略管理目标、经济资源的分配与使用，以及财务决策的制定与执行等多个方面的影响。尽管经济和财务资源对于企业的成长是不可或缺的，但仅仅拥有这些资源并不能保证企业的核心竞争力和能力。以企业的竞争能力为中心的财务策略不仅为财务策略设定了明确的目标，还为财务策略的决策过程提供了明确的标准，为财务策略的管理行为指明了方向。在制定财务管理策略时，企业需要深入思考如何增强自身的市场竞争能力，可以利用哪些资源来构建其核心竞争力，如何在已有资源许可的情况下实施财务策略，以及如何运用企业的核心实力来确保持续的竞争上风。如果财务战略与企业的核心能力脱节，那么它就像是空中楼阁，是无法付诸实践的。

因此，企业应当识别、构建并有效利用其核心竞争力，以形成一种竞争对手难以复制、能满足终端消费者需求、并能将这些机会转化为现实的有效资源。企业应具备高度的资源管理和操纵能力，不断提升财务资源的使用效率和成效，并以强大的市场竞争力作为财务管理战略的坚实支持。与此同时，为了维持企业的长期竞争优势，企业的竞争实力也必须依赖于科学的财务策略来进行创造、培养、维护、创新和持续发展。

（三）将战略成本管理作为提升企业竞争力的主要参数

在财务战略管理的研究领域，战略成本管理是一个不可忽视的议题，因为成本确实是决定企业竞争实力的关键要素。在面对越来越剧烈的市场对抗和快速演变的商业氛围时，从战略成本管理中追求收益和获得竞争上的优势，已经变成了企业获得并保持竞争优势的核心要素。

在企业的战略层面进行的成本管理，其核心思想是将成本信息纳入战略管理的广阔领域，并与影响战略的各种因素相结合。从战略的角度出发，利用战略成本的管理工具，对企业的成本进行深入的了解、分析、控制和优化，旨在持续优化成本并获得持久的竞争优势。

因此，在以企业竞争力为中心的财务管理策略中，战略成本管理已经成为连接企业竞争力与财务管理策略的关键环节。采用战略成本管理的理念，结合成本动因分析、价值链管理、产品生命周期成本管理、质量成本管理和作业成本管理等多种战略成本管理手段，将是企业追求持续降低成本、获得持久竞争优势和实现财务战略管理目标的实际选择。把战略成本管理的议题融入企业的财务管理策略中，不仅对实际操作有所助益，也拓展了财务管理策略的深度和广度。

（四）以财务战略决策的选择、实施与控制、计量与评价为内容

企业在财务战略决策方面的选择，不仅影响着企业财务资源的分配方向和模式，还会对企业的理财行为和效率产生影响，进而决定企业的竞争力水平。

财务战略的选择、管理和评估必须基于企业维持其持续的竞争上风

这一财务战略的本质。在选择、执行和控制财务战略决策，以及进行计量和评估时，应从企业的整体视角出发，确保这些决策与企业的总体战略相一致，并与其他功能战略保持一致。从战略的视角去探讨企业的财务状况时，财务管理战略的独特性显得尤为突出。这不仅是财务战略管理与其他策略的本质区别，也代表了企业财务战略的健康发展循环。在财务管理策略中，整体性被高度重视，企业管理的总体目标被视为最高追求，各部门之间的协同工作有助于减少内部功能的不平衡，这需要通过一个有序的财务策略执行流程来达成。

（五）重视企业理财环境因素对财务管理战略的影响

在财务管理策略中，环境因素的作用受到了更多的关注。财务管理战略的环境分析并不是针对过去或现在，而是一种面向未来的分析方法。不能仅仅关注某一个具体的时间节点上的环境属性，而更要关注这些环境要素如何动态地变化。除了需要对政治、法律、社会文化和经济等宏观环境进行全面的战略管理分析外，还应深入研究企业内部因素，如产业、供应商、客户、竞争对手、财务健康和财务能力等的微观背景。在此基础上，企业还需妥善平衡环境的多变性和财务战略的相对稳定性，通过科学的环境分析为企业制定正确的财务战略奠定坚实的基础。

从上述特点中可以明显看出，财务管理战略作为企业战略管理体系中的一个子模块，虽然具有一定的独立性，但也必须遵循企业战略管理的核心思想和目标。此外，它还具备一定程度的综合性，表现出企业战略管理的全局性、长期性、竞争性和稳定性等基本特质。企业在制定、执行和控制财务战略时，必须全面考虑各种内外部的影响因素。财务管理战略不仅具有前瞻性的战略视角，还注重企业未来、长期和全面的成长，强调企业在激烈的市场竞争中的重要地位。该战略旨在扩大市场份额，实现长期盈利，并构建企业的核心竞争力。财务管理策略将企业的外部环境作为其核心管理内容，所提供的信息不仅局限于财务实体的内部，更是为了帮助企业获得更大的竞争优势。这种策略将焦点扩展到企业的外部环境，紧密关注整个市场以及竞争者的动态，这包括金融和资本市场的变化、价格动态、公共关系、宏观经济政策以及未来的发展方向等。所提供的数据不只是传统财务管理所给出的信息，还涵盖了竞争者的定价、成本等，同时也包括了市场的需求、市场份额、产品的品质、销售策略和服务网络等非财务方面的信息。

三、财务管理战略在企业战略管理中的地位

尽管在企业战略的多个层面上，财务战略仅仅是其职能战略的一部分，但由于财务战略本身的独特性，它在企业战略管理体系中占有非常重要的地位。财务战略通过资金链条将企业的各个战略有机地连接在一起，并以货币形式展现，从而使财务战略成为企业战略体系中不可或缺的功能性子战略。财务战略与企业战略之间的联系体现在整体战略与部分战略，以及主战略与子战略的互动关系上。尽管财务战略仅仅是企业整体战略的一个组成部分，但由于资本是影响企业生存和发展的最关键的推动因素之一，因此财务战略通常也是企业战略的核心组成部分。

在企业的战略管理体系中，财务管理策略占据了核心位置，它与生产策略和研发市场策略共同为企业的竞争策略提供了直接的支撑。财务管理战略不仅是企业竞争策略的实施手段，而且从财务的视角为所有与经营相关的财务问题设定了实际可操作的目标，使企业之间的竞争更为有针对性。企业的每一项活动都与其财务状况紧密相连。为了获得企业的人力、资金、物资等生产资源，都需要投入财务资源。而企业在经济资源的投入、使用效率和产出方面，都是通过各种财务指标来展现和衡量的。实际上对于每一个企业来说，很难精确地区分各个层面的战略。举例来说，一个企业的资金筹集活动必须基于其发展和生产经营的实际需求。资金的分配和使用与企业的整体再生产过程有着紧密的联系。即使在股利分配方面，这也不仅仅是一个财务问题，而是受到企业再生产和投资需求的影响。因此，企业的财务操作过程始终与其他活动领域紧密相连。由此可知，财务管理策略深深地融入了企业的整体策略。它不仅仅是一个简单的功能策略，与其他功能策略之间既存在差异又有紧密的联系，与企业策略之间也并非简单的无条件服从关系。

同时，鉴于企业所处的竞争环境是持续变化的，为了确保企业战略的

稳定性,有必要根据企业战略竞争环境的分析来适时调整财务战略。这样,财务战略就能在不同的时间和环境条件下,始终为企业的各种竞争战略提供直接的支持。通过利用竞争战略构建的企业战略与财务战略之间的桥梁,财务战略可以在企业总目标的指导下做出正确的决策、选择、实施、控制、计量和评价。

因此,财务管理策略被视为企业战略的核心,它在企业战略管理体系中是一个综合性的策略。该系统不仅为企业的战略目标和各种竞争策略提供了资金支持,还与其他职能策略共同构建了企业战略管理的"金字塔"结构。通过资金这一核心,结合综合的财务信息,它将企业的各个战略层面有机地连接在一起,成为协调企业纵向、横向和纵横战略之间关系的重要桥梁和纽带。因此,财务管理战略与企业战略管理之间存在一种动态的相互影响、相互验证和相互协调的反馈关系。在企业的经营战略中,财务战略是一种具有从属性、局部性和执行性的战略。一个成功的企业战略必须有与之相匹配的财务战略,财务管理战略既是企业战略管理的一部分,又对企业战略管理的成功实施起到了制约和支持的作用。

四、"互联网+"的代企业战略管理流程和方法创新

在"互联网+"的背景下,传统企业战略管理的基本假设和理论经历了深刻的转变。为了适应互联网带来的社会经济变革,企业战略管理的方法和流程也需要进行相应的调整和创新。

首先,企业需要确定适合自己的经济形态。这通常是多种经济模式的融合,例如门户网站代表了虚拟经济与流量经济的结合,而O2O提供的上门服务通常是体验经济、个性化经济和速度经济的结合。为了明确经济模式,企业必须基于其所在行业的发展趋势进行评估。当经济模式被确立后,企业应当全力以赴地追求其战略愿景、定位和目标,以实现经济形态所能带来的真正价值。从这个角度看,企业所生产的并非真正的产品,作为经济活动的执行者,产品更多的是一个工具或形态。只有这样做时,企业才有可能摆脱特定产品和行业的限制,从而能够从一个更高和更广泛的视角来拓展业务,并优化其业务布局。例如,腾讯和阿里巴巴在

平台经济中分别成为社交和电商领域的领军企业后，仍然充分利用其平台优势，持续进军其他商业领域。

其次，根据战略目标制定重点战略举措。在“互联网＋”背景下，产品战略成为企业战略的中心思想，它主要解答如何选择合适的产品以及研发和运营的相关问题。在这种情况下，企业需要根据其经济状况重新评估哪些产品最为适宜。阿里巴巴在选择了数据经济模式后，便通过并购不断收集有关电子商务、地理信息、社交活动以及用户上网习惯等多个方面的数据，并借助这些数据来开发新的产品。企业还需确定适当的人力、组织、技术和资金措施，从而与产品战略相匹配。

最后，利用市场迭代对战略措施进行修正。企业会在每周、每月和每个季度结束后，对产品流量、收益、用户反馈以及运营数据进行深入分析，对其产品策略和必要的支持措施进行相应的调整。

可见，与传统的战略管理相比，基于“互联网＋”的战略管理流程的主要创新点在于：①制定战略的依据是经济形态，而不是内外部环境的态势分析；②基于合伙人意志、股东回报、竞争压力或标杆确定目标，而不是根据行业份额来制定目标；③以产品战略作为战略举措的核心，整合能力和资源去适配目标，而不是让目标服从于能力。

第三节　“互联网＋”时代税收筹划的挑战与战略创新

一、“互联网＋”时代税收筹划面临的主要挑战

“互联网＋”已渗透到税收立法、政策制定、征管规程、信息管税等领域与环节，因此税收筹划需要适应当前新的市场和规则，具备“互联网＋”的思维方式，以适应“互联网＋”时代对提升税务决策及税收促进社会经济可持续发展的要求。“互联网＋”时代，税收筹划面临的挑战主要体现在以下四个方面。

(一)经营模式的多样化给税收筹划依据带来挑战

在“互联网+”的时代背景下,由于经济的多样化发展和社会分工的精细化,企业的业务范围变得越来越广泛和复杂,经营策略也变得更加多样和灵活。核算方法也从传统的纸质记录逐步转向更为便捷、信息电子化和无纸化的方向,管理模式也突破了之前的框架和既定的操作规则。这些变化在传统税制下出现了模糊地带,因而增加了税收筹划中适用税收政策和规则的风险。例如网上购物如何纳税,网上购物模式会根据交易对象的不同形成企业之间的 B2B 运营模式(Business to Business)、企业与消费者之间的 B2C 运营模式(Business to Consumer)、消费者之间的 C2C 运营模式(Consumer to Consumer)以及将线下商务与互联网结合在一起,让互联网成为线下交易前台的 O2O 运营模式(Online To Off-line)等。

此外,众多的在线购物平台已经超越了传统的单一销售模式,它们结合了直接销售、买断式销售以及销售捆绑无形服务的多种策略,这导致了订单和物流的监控变得更为困难。例如,在“互联网+”的背景下电子技术的飞速发展,信息服务也得到了相应的扩展。商家会定期在其平台上向有特定需求的客户发布特定的商品信息,并制定相应的收费策略和信息提供方式,以便有需求的客户可以查询和购买。这种销售策略的核心目的是满足多样化的信息需求。

尽管这种服务并未在商家与消费者之间实现实物商品的互换,但在无形商品的流通中,它确实促进了资金的流动。例如,在数字化信息产品、在线图书交易、IT 软件和有声图文资料销售等,这类税收是通过“特许权使用费”还是“销售收入”或“其他收入”来确定,在学术界仍然存在很大的争议。一些创新的商业策略已经超越了传统商业思维的限制。例如,众多企业已经养成了为用户提供丰厚的补助或返现的习惯,目的是吸引他们使用自己的服务。这些灵活多样的混合销售模式,包括资源交换、在线结算、线上销售、物流配送以及售前和售后服务等多个方面。然而由于支付、结算和流转方式的差异,企业的资金流、票据流和服务流与当前税收政策的标准和要求存在不匹配的情况,对传统税收筹划中关于经营模式的税务思维造成了观念上的冲击。面对“互联网＋”背景下的商业模式与当前的税务政策存在的不一致，如何在遵守已有规定的前提下作出明智和合理的决策，成为税务规划者当前面临的一大挑战。

（二）信息传播的灵活化给税收筹划理念带来挑战

在“互联网＋”的时代背景下，信息的传播方式、范围和速度都是历史上任何一个时代都难以匹敌的。移动互联网、大数据、物联网和云技术等技术的进步都在推动财税环境的变革，对税收筹划的工作模式、质量效率和理念产生了深远的影响。

传统税务规划的核心思想是减少过多的税收，以达到最小化纳税的目标。从现实状况来看，纳税人由于对其所在行业的不熟悉，尽管满足税收优惠的条件，但由于未提交申请而无法享受到这些优惠。此外，由于计算方法的不准确或对政策的误解，一些未报备的项目也不能在税前进行扣除，这些因素共同导致纳税人支付更多的税款。因此，在税法所允许的界限内，许多企业倾向于选择较低的税务负担，以此来达到最小化纳税的目的。从传统的角度看，将税务负担降至最低作为税务规划的核心目标是没有争议的。在“互联网＋”的背景下，各种生产和经营活动中的因素相互交织和影响，使得企业的运营变得异常复杂。除了税收利益，企业的价值还有非税利益，税收利益与非税收利益紧密相关。

通过上述内容可以认识到，税收的效益并不能与企业的总体效益相提并论。税收的减少并不总是代表企业整体价值的增长，它还可能引发其他相关费用的上升。另外，在“互联网＋”的时代背景下，由于信息传播的广泛性、迅速性和多样化的途径，企业的税收筹划受到社会各方面的密切关注和监管。这些人不仅关心税收问题，还会更全面地了解和观察企业的整体状况，包括但不限于财务健康、经营表现、广告推广、人力资源管理和市场战略等，以此来评估企业税收筹划的成功与否。因此，税收筹划的核心思想不应仅仅局限于追求税收负担的降低，这可能会削弱税收筹划的实际价值。在互联网＋的背景下，税收筹划应全面考虑信息的传递、时间的价值、风险的回报以及长期和短期的利益，同时平衡各方的综合利益，以实现企业价值的最大化。

(三)税收征管的智能化给税收筹划空间带来挑战

传统税收管理方法位于企业信息和业务流程的最末端,侧重事后的审查。这种方式为事前、事中和事后的税收规划提供了一种可行的解决方案。税务规划人员可以利用传统税收管理信息的固有缺陷,对经济活动的时间、路径和结果进行适当的修正和调整,从而更有效地进行税收规划。

在“互联网+”的时代背景下,传统的手工数据录入方式与通过大数据、物联网等先进的感知技术收集的数据,以及第三方共享的信息有机融合,形成了税务大数据。利用大数据和云计算技术,在互联网上进行纳税信息的收集、筛选和捕获,实现了税收管理、涉税稽查和调查取证的高度信息化和智能化,使得纳税人的相关信息在税务税收征管系统中留下了更多的记录和沉淀。

税务机关已经将纳税人的投入与产出的相互关系纳入了实时的监控体系,在这一大数据背景下,税务机关的风险评估模型已经充分展现了其价值。此外,无论企业是否对外出具发票,只要实现销售,都必须将销售商品或提供劳务的信息录入系统中,这样征管系统可以实时全面监控整个社会的商品和劳务流向信息,实现“互联网+”时代的税收征管的无缝全面智能监管。利用这一系统,各个地区的税务部门能够完整地获取企业的开票资料,迅速、直观、全方位地了解纳税人的生产和经营状况。从根本上说,这是对企业购销账簿的掌握,并将这些信息汇总至国家税务总局,从而构建一个全国性的电子底账库。新的增值税发票制度的全面实施,确保了社会的所有投入和产出都在税务部门的实时监督之下,这大大减少了事后和事后的税务筹划空间,使得税务筹划在企业运营中的地位得到了进一步的提升。

(四)财税行业的专业化给税收筹划人员带来挑战

在“互联网+”的背景下,从事税收筹划的专业人员不仅需要具备深厚的专业知识和丰富的实践经验,还应拥有全面的策划能力、专业判断技巧和团队沟通能力,应具备全面的税收筹划知识、系统的职业认知能力,以及能够全面分析和解决税收筹划问题的专业人士。毫不夸张地说，一名出色的税务筹划专家不仅有能力为公司制定合法、合适和高效的策略，而且擅长与人沟通和合作，为公司的未来增长和最大化整体价值创造了有利的条件。总的来说，我国现有的企业财务和税务人员以及中高级管理人员在纳税筹划方面的专业素养仍需进一步加强。

二、“互联网+”时代税收筹划战略创新

企业税收筹划是财务管理的一个重要组成部分，它是一个综合性的工程项目。在进行税收筹划时，企业应该结合企业的战略和财务战略目标，同时考虑到税收筹划的独特性。利用“互联网+”时代的大数据、云会计和人工智能等前沿技术，企业可以从战略的角度出发，将税收筹划从个体信息化转向云信息化。这样不仅可以提高企业全生命周期的管理效率，还可以增强“互联网+”时代税收筹划的执行效率。

(一)基础设施层与业务数据层

基础设施层主要由软件资源和硬件资源两部分组成，为公司的税务规划提供了必要的环境条件。存储器、网络资源池和智能终端等多种资源为税收筹划平台提供了存储、网络和计算的基础服务。通过将存储器、网络资源池、智能终端、服务器和安全设备连接到云端，不仅可以为业务部门提供如筹资管理系统、投资管理系统、供应管理系统、销售管理系统和分配管理系统等，还能在云端获取相关行业的信息，为上游的数据、服务和应用层收集必要的管理和控制数据。

数据层通过大数据技术，例如 Hadoop、HPCC、Apache Drill、Rapid Miner、Pentaho 等，利用数据抽取 ETL(Extract 提取、Transform 转换、Load 加载)工具将异构数据源中的数据如关系数据库、NoSQL、SQL、File、DBMS 等抽取到临时中间层后进行清洗、转换、集成，加载到数据仓库或数据分析中心，成为联机分析处理、数据挖掘的基础。数据分析中心以整个企业的经济业务为起点，形成多维度的采购数据、销售数据、投资数据、筹资数据、经营数据等，为上游的服务层和应用层提供所需管理控制的相关数据。

（二）服务层

服务层负责对数据处理中心和数据分析中心提供的数据进行全面的信息管理，制定备选的纳税筹划方案，进行差异性比较，对内部控制风险进行评估，选择最合适的方案，并对方案的执行和绩效进行评价。在面向应用层的企业税务规划中，服务层为企业提供了一个完整的税务风险管理价值链。

1. 信息管理

信息在税收筹划的全过程中起到了关键作用，它不仅涵盖了国家税收政策的具体内容，还包括了企业在过去和现在的环境状况，如税务筹划的意图、财务状况、经营成果和当前的税务负担等，还包括税务筹划人才的管理信息。利用大数据技术和云计算平台，企业能够收集和应用高精度、高价值和实用性强的信息，这有助于避免在税收筹划过程中产生不必要的经济损失，这也是确保税收筹划方案有效执行的关键环节。税收筹划作为企业财务管理的一部分，需要对企业财务管理的各个环节以及生产和经营活动的特性和当前状况有深入的了解。在充分熟悉和掌握国家现行税收政策导向的基础上，税收筹划应寻找其操作的可行性和空间。因为税收筹划是一个不断变化的过程，所以要根据在实施税收筹划方案过程中收集到的反馈信息，持续进行筹划方案的分析和调整，以便及时排除可能的不利因素，并确保该方案具有合法性和有效性。

2. 税收筹划方案

在对备选方案进行评估之前，要先进行差异性比较和风险管理。在对备选方案进行评估时，通常认为每个方案的预期未来现金流量是可以预先确定的。但是，即便采用了最先进的技术，也无法精确预测每个方案未来现金流量的不确定性。因此，在进行税收筹划时，应该始终保持对筹划风险的警觉，并合理利用有效的方法来处理备选方案的风险。

3. 绩效评估

在对税收筹划方案进行比较、决策和执行之后，制定税收筹划的分析和评价指标。通过绩效评估系统中的成本效益分析、成本量利分析和业绩评价等综合评估，不仅可以激励筹划人员，还可以帮助集团积累经验、总结教训，为下一个周期的税收筹划提供良好的基础和预测，从而不断提升集团的税收筹划水平。

（三）应用层

应用层位于纳税筹划框架模型的顶层，它依赖于基础层、业务层、数据层和服务层的基础和支撑。整体税收筹划可以细分为筹资税收筹划、投资税收筹划和经营分配税收筹划这三个核心环节。在筹集资金的税务筹划过程中，债权筹资需要周期性地偿还本金和利息，压力比较重，但是这种借款利息的税前支付不仅可以作为税收的屏障，还有助于降低债权融资的整体成本。另外，在投资回报率超过资金成本率的情况下，通过债权筹集资金可以为集团带来显著的财务杠杆效益，但也需深入思考可能增加的财务杠杆风险。在股权筹资方面，尽管不需要定期偿还本金和利息，但股息红利并不具备税收屏障的作用，也没有抵税功能。加上股权筹资的高门槛和高成本费用，很多企业没有机会也不愿意采用股权筹资，但对“互联网+”时代下的股权众筹和 P2P 融资等新兴筹资方式却表现出浓厚的兴趣。

针对各种不同类型的企业，由于各自出发点和重点并不相同，因此在实际的经营、投资和筹资等税务筹划过程中，还需要根据企业的实际状况来全面考虑成本与效益的关系。正如税收筹划的最高标准是应用层的顶端，也是实现企业价值最大化的目标，在整个税收筹划过程中，应该始终保持集团整体的价值创造，而不仅仅是为了节约税收成本而进行筹划。税收筹划，作为企业财务管理的核心环节，与企业的其他管理活动是相互补充和制约的。因此，在税收筹划方案的设计、构思和选择过程中，应从企业价值最大化的全局视角出发，全面考虑各种可能的因素和结果，以企业价值最大化为税收筹划的起点和终点，从而为企业创造更多具有前瞻性的价值。

在“互联网+”的时代背景下，快速而深入的发展不仅改变了传统的经济运作方式，同时也对传统的税收制度提出了新的挑战。为了适应经济的新趋势，税收筹划需要基于“互联网+”时代的数据交流，利用各种平台来整合筹划流程。借助财税信息化的强大支持，我们需要调整和革新传统的筹划方式，以实现企业价值的最大化为核心目标，确保企业资金流动的均衡性和有效性。通过合理的筹划和融资安排，可以完善企业的营收和投入资金筹划，利用战略思维来引导企业资金的运作，全方位规划税收筹划战略，并有效预防企业财务风险。

第四节　“互联网＋”时代成本管理战略创新

在企业财务管理战略创新方面，除了纳税筹划战略的创新之外，还涵盖了成本管理战略和财务决策战略的创新等多个方面。这些创新是企业财务管理在实现数量的逐步累积后，在各种相关因素的作用和影响下，达到质的飞跃，构成了企业财务管理战略创新的一部分。企业财务管理战略创新的根本在于竞争机制的提升，该机制对生产与技术、经营与管理等多个方面与财务管理元素进行了重新组合。

一、构建大数据平台，理性开展成本谋划

在“互联网＋”的背景下，企业需要有大数据的思维方式，搭建属于自己的大数据平台，并通过成本行为数据与成本关系数据来准确地定位成本信息。利用大数据，企业可以更有效地与消费者进行互动，深入了解客户的需求，拓展服务品牌，并进行商业创新活动。移动互联网推动了产业间社会互动的异质性向更深的层次发展，社会化互联网让企业能够主动发起与上下游企业的互动式成本规划，使得基于用户生成的社会互动成为企业重要的决策变量。

成本结构的高度复杂性是导致成本上升的核心因素。在进行成本分析的过程中，企业应当充分考虑成本之间的关联性以及复杂的成本构成，并借助大数据技术来分析成本信息，目的是减少或消除非增值作业。以O2O商业模式为例，该模式成功地实现了线上与线下资源的深度整合，为消除非增值业务提供了坚实的商业模式基础。通过利用虚拟仿真技术和智能个性化定制技术，消费者在现场的体验将变得更加流畅。企业只需为消费者提供全程的深度支持服务，这些服务是由消费者的需求激发

而产生的。管理者不应过于专注于显性成本的管理，因为经验已经表明，这种管理策略往往是缺乏前瞻性的决策，可能会增加隐性成本，最终导致得不偿失的结果。例如，大幅度削减高级管理人员的工资可能导致高层管理人员的流失，过度削减研发投资可能会削弱企业的核心竞争力，而过度削减营销支出可能会使企业逐渐失去市场竞争力。所有企业都应该积极实施细致的责任会计管理策略，对核算单元进行细致的处理，并专注于成本控制。所有部门都按照“谁主管谁负责”的准则行事，建立一个量化的成本控制分解框架，并确立责任共担、利益共享、相互监控和相互平衡的操作机制，从而提高企业的管理效果。战略性企业应该将环境成本管理纳入其战略成本管理体系，而不是将原本应由企业自身承担的环境成本转嫁给整个社会。反之，企业应当对其生产行为可能对生态环境产生的影响进行评估，倡导循环经济和清洁生产的思想，实行绿色成本核算，切实履行其社会责任，并在生产过程中追求经济价值和社会价值的协同最大化。

二、秉持互联网的用户思维和跨界思维，基于价值链进行战略成本分析

在互联网领域，用户和跨界的思维模式要求企业在价值链的每一个环节都要建立一个“以市场为导向、以消费者为核心”的企业文化。企业需要采用多种策略，深入了解用户需求，提供优质的客户体验，并通过提供增值服务来增强用户的忠诚度，从而在行业中占据领先地位。通过整合价值链的战略，可以显著减少企业的运营成本。在“互联网+”的时代背景下，竞争不再是单兵作战，而是涉及产业链、供应链以及价值链的整体竞争，这也是对消费者反应速度和交互能力的一次深入的测试与验证。利用“互联网+”进行的社交互动已经变成了解决企业与消费者间信息不平衡和消除行业市场失效的关键策略。价值链的作用日益倾向资源的融合和价值的共同创造。从价值链的各个环节到最初的新产品研发，社会互动都起到了关键作用。在价值链中，企业集群的成本界限和传统的劳动分工逐渐变得不那么明确，更多的是企业、消费者以及各种利益相关方

共同创造价值。

除了对竞争对手的价值链进行分析，还有对纵向和横向价值的探讨，这涉及价值的转移、增值过程以及产业内部的相互关联和平行关系。企业在价值链中的成本相对地位权重会受到价值活动的影响。随着智能移动互联网时代的兴起，众多行业的界限变得错综复杂、相互融合并共同发展。产业互联网更注重通过优化生产要素的配置、个性化的设计和制造、各产业之间的协作来提高效率，同时大规模应用智能设备并共享信息，以最大程度减少对自然资源的消耗、提高产品对用户的价值，并提高经济运行的整体效率。通过深入分析行业价值链，可以实现上下游价值链的协同增值，站在整个价值链的角度分析成本结构，并将行业的成本信息同步到企业的成本数据中心；通过深入分析自身的价值链，可以排除那些不会带来增值的因素，从而为内部价值链的重塑提供有力的决策依据；通过深入分析竞争对手的价值链，能够更好地了解整体情况，并为企业制定有效的成本管理竞争策略。

当利用价值链对战略成本进行分析时，可以增强价值增长的整体可视性。这一方法让我们有机会对价值增长的各个方面进行全面而深入的分析，融合了公司内部的生产信息、外界的网络数据，以及企业从上游到下游的数据。这种做法不仅拓宽了成本管理的应用领域，还将其从公司的内部操作延伸至整个供应链，从而进一步增加了成本管理的时间维度。借助大数据、云计算、物联网以及智能终端技术，企业就有能力创新成本管理策略和手段，以提高在“互联网＋”环境下企业战略管理与成本信息之间的匹配度。这不仅能优化企业的商业竞争环境，还能为企业创造更多的生存机会。

三、贯彻“互联网＋”的思维，分析战略成本动因

“互联网＋”的理念意味着将产品和服务推向极致，超出用户的预期。在设计产品和服务时，企业需要紧紧抓住消费者体验的核心，采用“互联网＋”的思维方式来创新产品。因此，企业应当从成本的根源出发，进行

成本驱动因素的深入分析，并依据资源消耗的因果联系来进行研究。导致成本产生的原因被称为成本动因，产品和作业都是资源的消耗品，作业起到了连接这两者的桥梁作用。成本动因分析旨在通过深入研究各种不增值作业的根本原因，以实现成本动因的优化。在战略层面，成本的驱动因素可以被划分为结构性和执行性两大类。前者为实现战略成本管理的目标提供了组织上的支撑，而后者则确保了实现战略成本管理目标的效率。

在执行战略成本管理时，企业应当深入探讨成本信息与成本管理之间的紧密联系，并对各个环节的成本驱动因素进行深入分析，从而明确管理的核心焦点。例如，企业所获得的商业优势、抓住的市场机遇、创新的技术方法以及所塑造的企业文化等因素，都会对产品的成本驱动因素产生影响。因此，管理层应该高度重视非生产环节的成本驱动因素分析。对战略成本的动因进行深入分析，可以帮助企业更准确地定位其战略成本，密切关注其在市场中的竞争地位和对手的动态变化，从而制定与企业战略相匹配的成本战略。

四、借用“互联网＋”的平台思维，建立战略成本管理信息系统

“互联网＋”所倡导的平台思维体现了开放、共享和共赢的理念。平台模式的核心思想是构建一个多方参与、互利共赢的生态环境。“互联网＋”这一平台思维模式将焦点集中在企业的战略成本上，即构建战略成本管理的信息系统。在“互联网＋”的背景下，企业的战略成本管理迫切地需要一个信息系统作为其支持平台。战略成本管理的数字化进程促进了成本共享中心的迅速崛起，并产生了针对战略决策的高价值成本数据。这些数据不仅代表了企业的资源和执行能力，同时展现了企业的控制和决策能力，彰显了企业的管理智慧。战略成本管理所提供的成本信息具有更广泛的覆盖范围、更多的层次、更高的准确性以及更强的时效性。战略成本的有效管理依赖于信息系统的全面支持。

“互联网＋”代表的虚拟思维模式意味着企业始终处于一个虚拟的环境和空间中，这使得战略成本管理面临着巨大的风险。从企业所面临的外部环境分析，我国经济发展已经进入新常态。经济发展面临三大主要挑战，即经济增速的转变、经济构成的调整以及经济驱动力的提升。在宏观经济的调控体系中，可以观察到区间弹性调控与结构性定向精准调控相互融合的独特性质。考虑到资本在实体经济之外为虚拟经济提供了服务，企业在扩大规模和技术创新方面缺乏足够的资本支持，因此融资问题还没有得到根本的解决。观察公司的内部构架可以发现，公司提供的各种产品和服务与市场需求的匹配度、市场占有率、产品研发与设计的能力、成本波动以及售后服务满意度都存在明显的不稳定性。伴随着大数据、云计算以及物联网等先进技术的普及，企业在“互联网＋”背景下的运营环境不断遇到新的挑战。这导致了企业在实施战略成本管理的过程中，所面临的风险环境变得更加复杂，涉及的风险因素也增加了，风险的严重性也相应增加。企业具备提高信用评级的能力，并可以通过互联网金融的众筹模式来降低资金成本，从而克服筹集资金的挑战、高额的成本和潜在的风险。为了确保成本结构、成本与质量、成本与效率、成本与竞争力，以及成本与收益之间的平衡，还需深入研究成本选择的相互关系。

在“互联网＋”这一时代背景之下，企业之间的竞争格局将逐步从封闭模式转向开放模式，并逐步成为全球化和智能化发展趋势的一部分。在“互联网＋”的背景下，企业的战略成本管理结合了管理策略、成本数据和先进技术，这种管理方式体现了企业的全员参与、全过程管理、各个环节管理以及全面的管理策略。这样的多中心、同步且高效的成本信息的收集、处理、存储和传输方式，使得全体员工的决策和实时决策变得可行。

要判断一个企业的战略成本管理是否具有发展潜力，关键在于它与“互联网＋”的整合程度，互联网思维是否得到了深入的实施，以及企业的整体生态系统是否健全。只有那些能够运用“互联网＋”思维在意识和行动层面上重塑战略成本管理的企业，才能被认为是真正的、最终的赢家。

第五节 “互联网+”时代财务决策战略创新

财务决策涉及对财务计划和财务政策的筛选与决定，其核心目标是确定最令人满意的财务策略。只有当企业确定了既有效又实际可操作的策略时，财务活动才能获得良好的回报，从而实现企业价值最大化的财务管理目标，因此财务决策成为整个财务管理过程的中心环节。在进行综合财务决策时，不仅需要有财务决策的基础和前置条件，还要对财务预测结果进行多标准的分析和选择。在决策方案的选择上，既有货币化和可计量的经济标准，也有非货币化和不可计量的非经济标准，因此决策方案通常是多种因素综合平衡的结果。

一、财务数据与财务决策

在海量数据资源的背景下，传统的人类行为分析工具得到了彻底的革新。在过去，商业决策主要依赖经验、直觉或基于样本的统计分析，但在“互联网+”时代，决策更多依托全方位的数据分析。在大数据的环境下，消费者的各种行为和特性的变化更容易被详细记录、观察、分析和理解。因此在“互联网+”的背景下，满足消费者的需求已经变成了企业的关键竞争优势。

在“互联网+”的时代背景下，大数据的崛起将促使来自多个渠道的跨领域数据得到融合，进而推动价值链中的各个企业建立紧密的联系，共同构建一个统一的体系。从地理位置上看，各种企业都以满足消费者的需求为核心，形成了一个动态的联盟。这些企业将研发、生产、运营、仓储、物流和服务等多个环节整合在一起，共同合作，创造和推广具有差异性的产品和服务，从而构建了一个智能化和快速响应的机制。在“互联网+”的大背景下，各企业通过信息的开放和共享、资源的高效配置以及分工合作，达到了新的价值创造目标。“互联网+”时代的兴起为企业的财务管理提供了全新的视角，通过使用分析工具，企业能够从大量的数据中筛选出有价值的信息，并采用科学的预测和分析方法来帮助企业规避潜在风险，从而进行更为精确的财务决策和管理。云会计与大数据技术在企业财务管理中的融合，有望为企业创造更大的经济价值，并增强企业在全球经济整合背景下的核心竞争力。

为了更深入地掌握大数据的运作模式，财务和会计人员在实际操作中面临的主要挑战是如何将经营相关的指标转化为财务成果的指标，并重点关注关键的绩效指标，例如转换率和客户流失率，并每月对这些指标进行评估。在企业的财务决策过程中，对各类财务和非财务数据的关联性进行分析是不可或缺的，这要求财务业务数据能够有机地整合在一起。在云会计平台的基础上提取、转化和加载与企业财务决策相关的各种结构化、半结构化和非结构化的财务和非财务数据，利用大数据技术，可以深入分析这些数据之间的联系，并挖掘其背后隐藏的巨大价值，从而为企业做出科学和合理的财务决策提供强有力的支持。

二、财务管理决策流程创新

在“互联网＋”的大背景之下，企业在财务管理决策方面与以往存在明显的差异。这种变化不仅改变了企业对数据处理和应用的态度，还促进了企业间以及企业内部信息的有效交流和传播。在大量数据的影响下，公司的决策层和管理团队在决策能力和效率方面都得到了提升，这进一步影响了公司的组织结构和新型学习型组织的形成。在“互联网＋”的大背景之下，大数据技术的出现为企业决策制定了更为严格的标准，这无疑对企业的销售策略、网络生态建设和商业模式的转型都带来了深刻的变革。因此在财务领域，深度挖掘数据不仅是研究数据的内在规律，也是对传统财务规划和分析方法存在的不足的一种补充。从更广泛的角度来看，传统的财务分析主要集中在对财务表现的评价以及对各类产品或业务盈亏状况的了解。虽然分析主要集中在几段相对的数据上，但如果财务人员想要为决策者提供有价值的信息，就必须深入分析这些数据。在企业的财务管理过程中，决策起着不可或缺的作用，它渗透在企业财务管理的每一个环节和功能结构中。在财务管理中，科学的决策方式被视为核心理念，而决策的关键在于其具体的流程与步骤。

企业在做财务决策时所依赖的所有数据源，都可以通过互联网、物联网、移动互联网和社会化网络等多种工具，以及利用云会计平台，从企业、工商部门、税务部门、财务部门和银行等财务决策的利益相关方中获取。此外可以采用大数据处理的技术和手段，对收集到的数据进行标准化的操作。利用数据分析和数据挖掘的方法，能够获取与企业财务决策有关的信息，例如政府的监管、税务、会计和审计等。然后就可以采用商业智能、可视化发现、文本分析和搜索、高级分析等技术，为企业的财务决策提供支持。

财务人员需要全面考虑企业的整体运营状况，通过财务流程来管理企业的现金流、资源分配、风险控制、收购兼并等方面，并利用大数据等工具进行深度数据挖掘和分析，以实现前后端数据的无缝对接。在适当的时机从庞大的数据库中提取信息是一项具有挑战性的任务，财务和会计人员的责任将包括管理公司数据库中的全部数据(包括财务和非财务数据)，旨在提供高效的数据质量保障，并以合理的成本释放企业的价值。财务和会计部门需要与企业的各个部门紧密合作，对分散和孤立的内部数据进行有效的整合。通过制定有效的数据质量控制和报告制度等措施，可以确保数据符合相关的规范，满足企业的自身要求和质量保证标准，从而提高内部数据库的安全性和完整性，提高数据的价值。

综上所述，“互联网+”给企业带来了巨大的信息变革，企业拥有大量的交易数据、运营数据、财务管理数据和供应商数据等，这些数据中包含了难以计算的信息资源。因此，在“互联网+”的背景下，大数据分析在企业成长中的重要性日益凸显，也为企业财务管理的技术和方法创新提供了有利的方向。在如今市场竞争日益加剧的背景下，企业的财务信息已经变成了企业争夺市场的关键资产。在“互联网+”的时代背景下，财务管理的技术和方法创新得到了关键的支撑平台。在“互联网+”时代背景下，财务管理技术和方法的不断创新使得企业能够实时跟踪其最新动态，并为客户提供高度个性化的定制解决方案。这样不仅可以实时获取客户对企业的各种评价，还能针对企业存在的问题进行及时的优化和改进，从而在健康的内外部环境中，灵活地分配财务资源，为企业在激烈的市场竞争中创造更多机会，实现更高的商业价值。

第七章　财务管理信息化的构建策略

第一节　财务管理信息化系统的设计与构建

一、财务管理信息化系统的设计原则

在对财务管理信息化功能设计的过程中应该遵循以下原则：

一是先进性原则，系统的设计必须选择业界成熟且先进的信息技术作为系统的架构，代表先进技术的发展方向和趋势。

二是开放性原则，系统设计必须坚持各信息系统的高度开放性，包括与现有的财务系统软件以及其他业务部门的系统。

三是可扩展原则，系统功能的设计必须使系统所确定的软硬件配置在升级、扩展和移植方面应具有良好的性能。

四是稳定性原则，系统功能的设计必须以保证学校业务的平稳正常运行为首要目标。

五是易操作及实用性原则，系统功能的设计应坚持以实用性为基本原则，具备简单、易操作的优点。

二、财务管理信息化系统的构建目标

在对财务管理信息化系统进行功能设计和实施之前，财务管理者必须从自身发展建设的全局出发，综合考虑信息化建设的整体规划和财务

实际业务需要，组织财务人员、学校技术人员等对财务管理信息化的建设进行实地考察研究，明确信息化建设的目标和内容。具体的考察方式可结合实践调研、其他相关调研以及对财务管理信息化软件行业的市场调研共同进行，最终形成考察报告。

前期的考察调研是确定财务信息化建设目标和整体规划的关键阶段，因此必须由领导牵头，协调财务、各个相关部门负责人进行调研。在对财务管理信息化建设目标进行实地考察时应当着重注意以下三点。

第一，考察财务现有的财务业务系统、对已有的财务业务系统具备的业务功能和流程进行界定，通过原型测试等，考察其能否满足当前业务需要，是否需要进行系统升级或者进行重新设计。

第二，重点对财务部门的业务现状进行分析，考察财务拟进行信息化改造的业务，分析其是否具备在当前环境下进行信息化改造的管理和技术条件，改造后能否对财务工作效果形成提升，从而决定是否对其进行改造。

第三，考察财务系统需要进行集成的相关业务部门系统，由于各部门信息化水平的多样性和参差不齐，因此必须对需要集成的各部门系统进行考察，着重研究集成的技术可行性、集成后的业务连贯性，此外必须考虑集成的成本和系统风险。

系统构建目标主要分为三部分，一是财务管理信息化构建的基础，包括财务管理信息化标准的编制、信息共享平台的搭建、财务信息发布门户平台。二是指财务信息化系统与财务业务相关部门系统之间的集成，主要包括众多相关部门的业务系统间的数据融合。三是财务综合业务子系统，主要包括需要进行信息化升级或设计的预算管理系统、无现金报账系统、资金集中管理系统等各业务子系统。

三、财务管理信息化系统的具体构建

（一）财务信息发布平台

1. 财务信息发布平台的需求分解

财务信息发布平台的目标主要是为了满足财务信息公开化的需求，

将学校财务需要公开公示的信息以一定的形式展现出来，调研应主要集中在对现有的财务信息发布模式的分析、设计的信息发布平台内容、需对接的财务业务子系统、责任部门等进行分解。

2.财务信息发布平台的功能设计

(1)财务信息公开

财务信息公开包括资金管理、财务收支等各种公示表，近年度财务预决算信息公开。

(2)重要通知公告的发布

提供对涉及广大企业员工切身利益的财务重大通知公告、财务新闻信息的公开。

(3)规章制度查询

包括国家颁布的重大财经法规，会计行业学会制定的各项会计规范，企业财务制定的各项财务报销制度和经费管理制度等。

(4)业务流程指导

主要指和财务日常业务相关的流程指导，如支票领用及核销流程、公积金办理流程、财务报销流程、各类员工事务流程等。

(5)相关表格下载

财务日常业务所需的各项表格模板如科研经费预算模板、酬金发放模板、出差批准单、费用报销单、其他相关业务办理表格及申请等。

(6)综合信息查询平台

包括工资个税查询、项目经费查询、部门经费查询、到款信息查询、待核销账务查询等。

(7)网上办公链接

包括网上预约报销入口、业务咨询入口、留言管理及领导信箱等。

(二)网上预约报销系统

1.网上预约报销系统的需求

网上预约报销系统是基于财务报销业务流程优化而设计的系统，在进行系统设计前，项目实施人员应对当前财务报销业务流程进行具体调研，根据服务内容、对应的系统、责任部门进行需求调研，确定具体系统实现模式。

财务报销是财务最基本的核算业务，因此在调研中，实施人员必须充分考虑到网络预约报销的可操作性和便利性，以提高报销效率为目标。

2. 网上预约报销业务整体流程设计

报账人员在预约报账网站上做项目授权，填写报账单细目，并执行预约操作，打印预约报账单。

报账人员持盖章的预约报账单，按预约时间至预约的报账地点，完成实际的报账工作。财务处前台人员根据预约单号，生成财务凭证。

3. 网上预约报销系统功能设计

(1)项目授权

提供创建报销子项目、授权一次性或多次报销经办人、授权经费管理员、授权无限额经办人等。

(2)预约报账

预约报账可以进行以下几种服务：

报账申请：选择业务类型、报销项目、填写报销基本信息、报销费用金额、支付信息、附件张数、扫描上传附件。

预约时间：根据报销申请自动生成报销单号，可以选择预约实际报销地点、时间和窗口，可合并报销单预约。

修改预约报销单：可以修改报销单内容、重新预约时间、窗口等。

撤销报销单：删除已作废的报销单历史报销单。

查询：查询已入账的报销单报销结果。

(3)财务审核入账

通过智能凭证将预约报销的信息转为正式凭证。提供按预约单号、预约窗口、当日未处理、所有未处理等方式查询预约信息。

(三)无现金报销系统

1. 无现金报销系统的需求分析

无现金报账系统是为解决财务前台报销现金量巨大、简化报销流程、降低财务管理风险而开发的。从业务流程上分析从属于财务核算管理系统，其责任单位为财务处。无现金报销功能的实现，融合了财务核算系统、工资系统、银行支付端口，[①]因此对于无现金报销系统的需求应从实现无现金报账的实际流程来分析。

财务会计在收集经办人的原始凭证，审核报销，同时采集待转卡的银行卡号，银行卡号的采集可通过现场确认或从工资系统中调取两种方式实现。审核报销后，会计打印银行资金结算受理通知单交给经办人，经办人即可离开报账大厅，之后由财务出纳根据财务核算系统中的无现金打卡，次日对银行账户的无现金付款流水与财务账目进行对账。

2. 无现金报销系统的功能设计

(1)报销制单

提供与财务核算管理系统及网上预约报销系统融合，实现网上预约、财务报销核算、无现金打卡的完整业务流程。

(2)银行支付接口

支持对多家企业开户银行支付功能，按银行账户设支出科目。

(3)银行卡绑定

提供工资集成系统，自动读取工资卡号，如提供可以选择的多个卡号或者现场采集卡号。

(4)打印资金结算单

财务核算系统根据报销内容自动生成报销结算单。

(5)批量审核支付

提供当日集中审核、批量支付功能。

(6)银行对账

提供自动与银行对账，提供手工对账，对异常情况的处理。

(7)无现金报销查询

提供按时间、付款银行等字段查询明细。

---

① 陈军. 无现金报账的风险管理研究[J]. 武汉理工大学学报：信息与管理工程版，2012(7)：27－28.

第二节　财务管理信息化的建设策略

一、加强对企业经营者的培训

要进行企业经营者观念的培训。大力推进企业财务信息化管理建设首要的是解决企业经营者的观念问题。应通过多种形式，加强对企业经营者信息化知识和财务管理方面的培训，并重视舆论宣传，推广典型经验，为推动企业财务信息化管理建设营造舆论氛围。

要加强企业经营者的信息化知识和财务知识的培训。企业信息化不是一项简单的工作，它受国家政策、客观环境、领导意识、员工素质、管理基础等诸多方面的制约，企业信息化应从企业自身需求出发，因地制宜、因势利导、脚踏实地、循序渐进。要想建立一个完整的企业信息系统必须抓住主流，抓住核心，讲究策略，分步实施。实行企业信息化管理，主流是抓财务，实现财务信息化，以财务信息化带动整个企业管理信息化，财务是核心与基础。财务信息化管理的成功不仅实现了企业最基本最核心部分的信息化，而且为整个企业信息化的成功积累了经验。财务信息化管理的成功可为企业的理财提供有力的工具，也可以为实现企业全面信息化奠定坚实的基础，例如财务与业务一体化管理软件，能实现生产经营全过程的信息流、物流、资金流的集成和数据共享，保障企业预算、结算、监控等财务管理规范化、高效化，最终建立以财务管理为中心，以成本控制为重点，供销一体化的财务信息系统，实现所有的业务核算及登记全部由计算机一次自动完成并做到信息集成、过程集成、功能集成，实现财务系统与销售、供应、生产等系统的数据共享，管理统一。

企业进行财务信息化建设，必须加强基础工作建设，改善财务信息化环境，培养复合型财务人才，适应财务信息化要求。企业对财务人员进行计算机和财会知识培训，使每个财务人员既具备最基本的计算机知识又具备先进的财务管理知识，把财务人员培养成复合型人才，以促进财务信息化的正常发展。公司财务管理信息系统的建设实行统一领导、全财务信息化岗位责任制，分级管理、统一规划、分步实施。同时在工作中建立健全财务信息系统维护、使用人员的管理体系，对财务人员的管理遵循“责、权、利”相结合的原则，明确系统内各类人员的职责、权限并与利益挂钩，切实做到事事有人管，人人有专责，办事有要求，工作有检查。

目前有些企业的经营者战略管理意识薄弱，只重眼前利益，认为财务信息化与自己企业无关，这种错误观点必须予以纠正，原因有三方面：一是在日益加剧的激烈市场竞争中，企业单纯依靠设备的投入和规模的扩大，其发挥的作用有限，是不长久的。引入信息技术，实行企业管理信息化和财务信息化，及时了解和利用企业内外的信息，作出科学的决策，才是企业发展的根本；二是企业经营者是实现企业信息化的关键，完善的财务制度和内部控制制度是发挥企业信息化优势的保障；三是企业经营者不仅要学会如何进行财务信息化的投资，而且更应该学会将庞大的企业信息数据库尽快转化成企业管理的工具。因而，经营者必须加强信息化知识和财务知识的学习，熟练掌握网络知识，应用企业信息化尤其财务信息化来管理企业，倡导企业员工主动学习企业信息化知识，适应企业信息化的工作环境，在企业信息化的促动下，推动企业的财务制度和内部控制制度的不断完善，推进企业财务信息化管理建设，不仅有助于加强企业内部财务管理与资金监控，提高资金的使用效率和实现风险控制，而且对于增强我国企业的核心竞争力、积极参与国际竞争有着十分重要的战略意义。树立以财务管理为核心、以资金流量控制为重点的管理理念，在企业的经营管理中，只有切实抓好企业内部的财务管理和资金监控，才可以加强制度约束，防范资金风险、堵塞资产流失的漏洞，才能带动整个企业管理水平的提高，使企业真正成为能够与世界各国平等对话，相互协作，相互竞争的现代化新型企业。

二、加强企业之间的交流与合作

信息化财务管理系统的建立不是单个企业的事情，它关系到企业界财务管理水平的信息化建设速度和水平，因此建立企业财务管理信息系统要合理使用相关的财务管理软件，只有融入企业的管理理念并符合企业实际的统一财务管理软件，才能真正达到加强企业财务管理的目标要求。在这方面，必须积极发挥政府部门或有关行业协会的作用，以行业为基础，推动供需双方的合作与交流，从而加快我国企业财务信息化管理的进程。

三、完善企业财务制度和内部控制制度

财务信息化的载体电子数据是一种特殊的数据，它对财务工作的影响主要体现在三个方面：一是无法分辨字迹。人工财务系统中字迹是确定会计责任的有效依据，而电子财务数据没有字迹特征，不能通过字迹来确定会计责任，缺乏法律证据效力。二是脆弱性。电子财务数据存储在磁性介质中，容易受到多种物理因素和人为因素的影响，计算机病毒、操作失误、蓄意破坏、搬移震动、机械磨损、电压波动、磁场干扰、灰尘微粒、潮湿空气都会威胁到电子财务数据的安全，这就产生了财务数据安全性要求高，而电子财务数据安全性低的矛盾，这是导致很多企业电子财务系统无法真正使用的重要原因，企业财务工作的组织者必须具备解决这一矛盾的素质，才能驾驭企业财务工作的组织管理。三是快速操作性。电子财务数据可以快速地复制、删除、衍生、传播和成批修改，一方面使得快速运算大规模财务数据成为可能，为实现财务信息的即时分类检索和复杂财务分析模型运算奠定了技术基础，企业财务工作的组织者要充分利用这一特点，为企业管理者提供更加快捷和丰富的信息服务；另一方面要考虑如何防范财务信息失密、被篡改和蓄意破坏等问题。由于电子数据的特殊性质，因此实施财务信息化管理时应采取安全控制措施。

（一）财务信息化内部人员控制的安全措施

第一，组织与管理控制。企业财务信息化后，必须对原有会计组织机构做相应的调整，为各类岗位人员制定岗位责任制度。系统维护人员与

系统操作人员分离,不得越权操作、。系统维护人员定期检查软件、硬件的运行情况,负责系统运行中软件、硬件故障的排除以及系统的安装调试工作;系统操作人员的职责是根据系统操作手册,处理各种业务,如进行凭证录入、审核、报表编制及输出等,所以必须分离,不能兼任。

第二,系统维护控制。包括对硬件、软件和数据的维护。对硬件的维护,除应设专人保管外,还应制定设备的使用、检查、维护和更新制度,规定机房的安全用电、制定防火、防盗、避雷等措施。对财务核算软件的管理和维护,主要在于防止对软件的非法修改和删除,必须按规定的程序进行,即通过申请、提取源代码、修改、测试以至重新使用的过程。做好数据备份及恢复工作。要对数据资料进行多份拷贝,存放不同地点,定期进行检查,避免出现由于磁性介质的破坏而造成的数据丢失。

第三,系统安全控制。系统安全保护措施比较普遍的是使用对用户和计算机设备进行授权,此种方法简便易行。这种方法对用户、设备、文件分别授予不同级别的授权,以防止未授权人员有意或无意进入系统。为此,系统必须具有授权登录、检验用户身份和核对操作权限的机制,还要对数据文件进行加密保护,防止他人修改和破坏。

(二)财务信息化网络安全管理的措施

第一,网络是各计算机之间的互联互通,因此网络安全就显得尤为重要。企业的财务数据往往涉及重大商业机密,在网络传输过程中,有可能被竞争对手非法截取,造成不可估量的损失。,对此,应设立防火墙技术,并且对信息系统普遍采用数据加密技术,把病毒及非法访问者挡在内部网之外,并防止信息在传输过程中泄密。

第二,网络系统是一个人机系统,仅有一个良好的软件是不够的,必须有一套与之紧密结合的组织措施,才能充分发挥其效用,保证会计信息的安全与可靠。首先,应结合企业的财务特点,选择一种比较成熟的商品化的网络版软件;其次,应制定实施规范及相应的制度,如岗位责任制度、人员管理制度、档案管理制度、各种标准账表文件为主体的电子介质管理制度等。总之，财务信息化网络的建设是以当代先进的信息技术为基础，采用多种先进技术进行自我查找、跟踪各网站上的会计信息资源，及时获取企业需要的信息，实现资源共享，最终提高信息使用者的决策水平。

四、构筑企业财务管理信息化价值链

企业实行财务信息化或企业信息化，并非只是简单地用计算机代替手工劳动，也不是将传统的管理方式照搬到计算机网络中，而是借助现代信息技术，引进现代管理理念，按照信息化要求，在企业内部以价值链增值活动出发审视企业，将企业的业务流程进行重组，实行以财务为先导，以价值成本为核心来管理和控制企业采购、生产、销售、后勤及服务，将企业的间接费用降到最低；在企业外部，按信息流、资金流、物流与其他企业结成联盟，建立共同目标，通过相互间信息的自由交流，共享先进成果，以其供应链的最佳优势来击败他们的共同竞争对手——其他供应链的盟友。①

为此，企业在这种供应链的竞争中，为了保持长足的发展，首先，必须尽可能使自己成为处于同一供应链中的大企业的联盟成员，充分利用企业财务信息化的基础，实施供应链的管理，与处于同一供应链中的下游企业实现信息共享，随时了解下游企业的需求，利用内部的快速反应系统及时对下游企业的需求做出相应的调整，使企业避免盲目生产，保持最佳库存，减少资金占用成本，提高企业产品的竞争力。另外，在企业结盟的过程中，要不断学习其他盟友企业先进的管理办法和管理手段，尤其是财务信息化方面的管理经验，使这些经验为己所用，不断稳固企业在供应链中的结盟地位。只有这样，才能使企业自觉自愿地实现企业信息化，才能快速地抓住企业管理的核心，即实现财务信息化，利用财务信息化数据进行科学的经营决策，提高企业的管理水平和技术水平，树立良好的企业信誉，凭借企业的自身实力立于不败之地。

---

① 刘英辉.基于价值链的企业财务管理模式的构建研究[J].商场现代化，2010(7)：66－69.

第八章　企业财务管理信息化制度建设

第一节　企业财务管理信息化制度概述

一、财务管理信息化制度概述

财务管理的信息化制度是企业财务管理体系中不可或缺的一部分，它为财务管理的信息化进程提供了制度上的支撑。为了确保财务管理信息化工作的顺利进行，严格遵循这一制度至关重要，这也是加强企业财务基础任务的关键途径。一个健全的财务管理信息化体系可以从拥有健全的财务规范体系、高效的财务组织结构与规范的财务行为、完善的财务控制制度、高效率的财务工作流程以及出色的财务工作质量来体现。

(一)完善的财务规范体系

财务规范体系是一个由国家的相关法律法规以及企业内部的各种规章制度构成的，旨在对企业的财务活动进行有序的指导和限制的有机整体。在制定企业财务规范时，不仅需要能够全面反映和展示财务活动的通用内容，还要能够揭示国民经济某一部门或单位财务活动特殊性的内容。企业不仅需要为各个部门和单位的财务工作制定相关的法律和法规，还需要为特定部门或单位的财务工作制定明确的规章和制度。财务制度是构建财务规范体系的关键组成部分之一，一个健全的财务制度是进一步完善财务规范体系的基础。

建立财务制度时，必须以国家的财务法律法规为基础，并将法律法规的普遍指导意义与企业的具体财务活动相结合，使法律法规的普遍性指导意义变得更加具体、形象，以便在企业中顺利实施。换句话说，为了确保国家的财务法律和法规在企业中得到恰当的实施和执行，财务制度的构建至关重要。

（二）建立完善的财务组织机构，规范企业财务行为

企业的财务部门是由直接参与财务活动的内部职能部门和相关的组织组成的，企业行为的规范性和合理性在很大程度上是由财务人员和财务机构共同决定的。财务组织结构是构建财务信息化体系的核心，一个健全且严格的财务组织结构为财务制度的建立和实施提供了必要的组织支持，有助于规范公司的财务操作。财务信息化制度为企业的财务操作提供了详尽的行为指导，同时财务信息化制度的完善也对财务组织结构的进一步优化产生了积极影响。

（三）完善的财务控制制度，加强财务控制

财务控制制度指的是在企业内部涉及资产、物资和货币等各种财务事务，是由多名员工各自负责和管理的工作制度。通过实施财务控制制度，财务工作人员之间建立了一种相互制衡、相互监控和相互补足的关系。这不仅有助于防止财务人员进行不正当的财务操作，还能预防工作中的错误，并相互修正，从而确保财务工作的高质量执行。财务管理的信息化制度中，财务控制制度占据了核心地位。构建一个科学合理的财务管理信息化体系可以有效地规避财务操作中可能出现的缺陷，减少或规避不合法的工作行为，同时加强了组织内部的控制机制，从而更好地发挥财务管理在企业运营中的关键作用。

（四）高效的财务工作效率

在数字化的背景下，财务的组织方式、财务团队的能力和所使用的软

件等，都是影响财务工作效率的关键要素。另外，健全的财务工作指导准则和健全、完备的财务管理信息化体系也是影响财务工作效率的关键因素。财务管理的信息化制度为财务机构的构建、财务工作人员的职责划分以及各种财务事宜的处理提供了明确的指导，这都为提升财务操作效率提供了有利的环境。

（五）提高财务信息的实用价值，提高财务工作的质量

财务管理的信息化制度为财务人员提供了明确的工作准则、流程、方法和要求，使财务人员拥有清晰的工作参考和标准，指导他们规范地完成各种财务任务，提升工作质量，并确保财务信息的完整性和准确性。

在市场经济的环境中，财务信息的使用者主要分为两类，一类是内部使用者，另一类是外部使用者。公司内部的使用者通常对企业的财务工作有深入的了解，能有效使用财务信息；而外部的使用者往往对企业的财务工作不甚了解，因此难以评估财务信息的准确性，这在某种程度上可能会对财务信息的使用产生不良影响。随着市场经济的不断壮大，财务信息的外部用户群体也在逐渐扩大，包括国家财税部门、各大银行、个人投资者、外商投资者、供应商和客户等，他们都成为财务信息的主要外部用户。只有当财务管理信息化制度具有高度的科学性和透明度时，才能满足财务信息外部用户的需求，使他们能更深入地理解企业的财务信息，最大限度地发挥财务信息的价值。

总而言之，在市场经济的背景下，信息化的企业的财务管理的信息化制度是绝对必要的。构建一个科学合理的财务管理信息化体系，不仅为企业的财务操作和行为设定了清晰的准则和规范，还为提升企业内部和外部审计效率提供了有力的制度支持。

二、财务管理信息化制度的建立原则

（一）保证财务管理信息化制度的合法性

财务管理信息化制度的建立必须以国家和地方财经法规为依据，在

内容上，应与《中华人民共和国会计法》(以下简称《会计法》)《会计准则》《企业会计信息化工作规范》等国家法律法规一致。各种财务信息的记录格式应充分考虑《会计法》《会计准则》和《企业会计信息化工作规范》的各项规定。

(二)保证财务信息的可靠性

为了确保财务信息的准确性和可靠性，企业需要建立严格的内部控制和财务操作管理体系，以保证系统内的数据来源和依据都是明确的，同时要能够及时发现并纠正错误数据。另外，对于可能出现的其他问题，需要制定相应的解决方案，以确保财务信息的安全性。

(三)既满足使用需求又简便易行

不同的单位和部门对财务管理信息化系统的需求各不相同，因此财务管理信息化制度也应该根据不同的使用需求，制定出能够满足各方需求的、具有通用性的财务管理信息化制度。

(四)具有一定的前瞻性

财务管理信息化制度作为规范财务管理信息化系统操作的一部分，应当具备前瞻性思维，而不应频繁更改，否则不利于规范操作的形成。随着企业和市场经济的持续发展，财务管理信息化制度也需要不断地进行优化和完善。因此，在制定财务管理信息化制度的过程中，应当预留足够的升级空间，这样在需要对现有的财务管理信息化制度进行改进的情况下，就无需重新建立新的制度。这样做可以确保财务管理的信息化制度在一个相对长的时间段内具有稳定性，从而最大程度发挥财务制度的优势。

三、财务管理信息化制度的建立方式与建立程序

(一)建立方式

财务管理信息化制度的建立要结合财务人员的业务素质、知识水平

采用相应的建立方式。建立方式主要有自行建立、委托建立、联合建立三种。

1. 自行建立

自行建立是财务管理信息化制度建立的主要方式，由企业财务人员独立建立。企业财务人员对企业情况和企业财务管理信息化系统十分熟悉，容易与企业各部门与相关人员形成良好的配合，能够大大节约时间成本，建立的制度也更容易贯彻落实。但是自行建立也存在一些弊端，如财务人员的知识与能力不足会严重影响财务管理信息化制度的质量，并且本企业财务人员易受惯性思维束缚，阻碍制度的创新。

2. 委托建立

委托建立是指委托中介机构建立财务管理信息化制度的方式。委托建立的中介机构对国家相关法律法规的理解深刻，业务水平普遍较高，知识面广，具有较强的革新意识，建立的财务管理信息化制度能够很好地促进企业财务管理的发展。委托建立的缺点是外部人员对企业及企业财务管理信息化系统没有充分的了解，在建立工作中很难与企业相关部门及工作人员默契配合，建立的财务管理信息化制度在某些方面可能不符合企业的实际情况，对制度的适用性造成影响。

3. 联合建立

联合建立是指在专家的指导下，企业财务人员建立财务管理信息化制度的一种方式。联合建立是一种将自主建立和委托建立有机融合的方式，不仅充分利用了两种方法各自的优势，还成功地克服了它们各自的不足，从而实现了优势的互补。通过联合创建的方法，所建立的财务管理信息化体系更为科学，能够充分发挥制度的作用。

（二）建立程序

明确财务管理信息化建设的详细流程和步骤，有利于确保制度建设能够平稳和有序地进行。接下来将以自行建立为例，详细描述财务管理信息化制度的构建过程。

1. 确定建立方式

在进行财务管理信息化建设时，应根据企业的具体状况来选择合适的实施方式，明确制定制度的详细内容和目标，确保财务管理信息化制度的建立工作能够有针对性地进行。

2. 调查研究阶段

基于制度的具体内容，对相关的业务活动进行深入的调查和研究，以收集项目的详尽信息。为了确保财务管理信息化制度的高质量和实用性，建立该制度的人员必须深入了解所有相关方的信息。本次调查研究的核心内容包括企业的基本性质和规模、经营策略和范围、财务管理信息化系统的基础信息、内部组织结构和各机构的职责权限、筹资和利益分配机制、财务组织结构和各岗位的职责、资本金的组成、产品生产的组织方式和技术工艺特点、材料采购和商品销售的方法、内部经济核算的方式、财务制度及其实施的基本情况、财务人员的知识水平和个人能力等。为了确立财务管理信息化制度的框架，建立人员需要对收集到的数据进行细致的整合和分析，并对其进行必要的简化或优化。

3. 编写阶段

在编写阶段分为两步，即总体设计和具体建立。总体设计涉及财务管理信息化制度的整体框架构建，包括某一财务活动的组织流程、财务机构的组织结构以及各个职位的职责划分等方面。在总体设计完成之后，企业根据预定的内容，通过文字和图形的方式进行详尽的补充和具体的构建，在编写过程中，具体的构建成为核心步骤，它通过对整体设计的进一步细化和完善，使得制度的内容变得更为明确和谐。

在构建财务管理的信息化体系时，必须严格按照国家的法律和法规行事，确保与行业的标准相一致。需要确保制度的全面性、具体性和准确性，既要满足公司的实际需求，又不能与实际情况脱节。此外，还需要妥善处理与其他管理体系之间的关系，确保它们之间不存在冲突。

第二节　企业财务管理信息化制度的内容

财务管理信息化制度涉及范围较大，内容详细而全面，本节主要介绍财务管理信息化系统的开发设计制度、组织管理制度和安全控制制度。

一、财务管理信息化系统的开发设计制度

财务管理信息化系统的开发和设计贯穿该系统从规划、分析、设计到测试和维护的全过程。财务管理信息化制度明确了开发财务管理信息化系统的重要性和设计准则，以及系统内各个工作模块的设计策略。在财务管理信息化系统中，资金模块扮演着至关重要的角色。下面将通过资金模块的设计规范来详细解释财务管理信息化系统的开发和设计流程。

资金模块的构建体系主要涵盖三大核心部分，分别是内部银行的账户和代码设计、内部银行文件的制定以及资金报告的制定。

（一）内部银行账号及代码的设计

随着企业规模的扩大，为了更好地管理和使用资金，以及提高资金的使用效率，企业通常会选择建立资金结算中心或设立内部银行。企业的内部银行账户成为企业资金管理的关键参考。为了优化工作流程并最大限度地利用计算机技术，要进一步细化企业内部的银行账户，从而更快地提供所需的信息资料。

1. 代码设计的意义

在财务管理的信息化系统里，企业的内部银行账户通常是用数字代码来表示的。这主要是因为识别汉字名称相对困难，没有输入数字方便，也不利于建立计算机化的逻辑关系。因此，企业内部银行账户通常是以数字形式来设计的。

通过设计公司内部的银行账户，使财务事务的处理更为便捷，有助于财务信息系统的规范化和标准化进程。同时，与汉字名称相比，数字代码

仅占用一个字节，这不仅有助于节省计算机的内存空间，而且由于数字代码的唯一性，信息处理的准确度得到了显著提升，减少了因歧义导致的误解的可能性。另外，数字代码间的逻辑联系加强了财务报告的连贯性，为财务报告分析提供了坚实的基础。

2. 代码设计的原则

第一，代码的设计必须遵守国家的相关法律法规，不仅有利于财务管理信息化系统与国家的方针政策相匹配，还为未来的系统升级奠定了坚实的基础。

第二，遵循统一性原则。在相同的财务管理信息系统里，代码的一致性是必要的。在大型企业集团里，子公司的编码应当与集团总部的编码相匹配。

第三，坚持唯一性原则。在一个统一的财务管理信息系统里，仅允许一个内部银行账户拥有一个代码，同样的代码也只能与一个内部银行账户相匹配，以确保系统处理过程的精确性。

第四，遵循易于记忆性原则。设计代码时需要确保它既便于计算机操作，又易于记忆，以便财务工作人员更好地理解和应用。

第五，遵循层次性与相似性原则。账户的构建应当是分层的，一般情况下，银行的内部账户会被放置在特定单位之后。

第六，遵循辅助性原则。为了更好地进行管理和核算，在编写代码的过程时需要加入一些属性的含义，例如计息时间。在系统内输入相应的代码之后，财务人员会根据代码的特性被提示输入各种不同的管理和核算信息，以便管理层更方便地获取所需数据。

第七，遵循伸缩性原则。随着现代信息技术和财务管理的进步，内部银行账户将经历相应的调整和变革。因此，在编写代码的过程中也应该考虑到未来系统升级的需求，并为其预留适当的拓展空间。

3. 内部银行账号编码的方法

编码技术主要分为两大类，即数字顺序法和数字层次法。数字顺序法的核心思想是设定一个明确的起始和结束编号，并在这个指定的范围内持续设置编码。数字层次编码方法是基于级别关系来进行编码的，例如 1701001 代表一个二级单位的结算账号，其中 17 代表一级单位，1701 代表二级单位，而 001 则代表结算账号的序号。

(二)内部银行单据的设计

企业内部银行的资金活动主要是通过内部银行单据来记录的。根据不同的用途，内部银行的单据可以被分类为存款单、取款单、贷款单和利息单这四个类别。在设计内部银行的单据时，必须深入考虑计算机处理的独特性和手工输入处理的需求，确保数据输入的精确性和便捷性，这样才能确保财务管理信息化系统输出的信息是准确无误的。

1. 内部银行单据的设计原则

第一，真实性原则。由于内部银行的单据能够真实地展现企业的经济活动，因此所设计的这些单据也应当真实准确地呈现企业的经济状况。

第二，简洁明了的原则。为了减少手动输入的错误，设计文件时应坚持简洁明了的原则，努力减少必须输入的信息，例如单据号、填写日期等信息可以由系统自动生成。

第三，标准化原则。财务信息化系统提供了众多寻找内部银行文件的手段。为了确保查找的精确性和效率，在设计单据时必须遵循一致性的原则，并采用经过验证的单据输入格式，以区分不同类型的单据。

2. 单据的设计

在单据设计过程中，单据的输入是需要特别关注的关键问题之一。根据各种不同的数据录入方法，应设计相应的单据格式，以提升单据录入的精确度。现阶段，单据录入主要采用直接录入法和间接录入法。直接录入即通过键盘进行直接输入，为了确保单据审核的便捷性，在这种录入方法下，原始单据的设计必须是清楚和完整的；间接录入法是一种通过信息技术设备生成初始文件，并在此过程中同时收集相关数据，然后将这些数据存储在机器可读的媒体平台上，再通过这些可读媒体将数据输入计算机中，从而避免数据录入前的必要准备工作。在采用间接录入法时，原始的文件主要被视为记录业务的书面凭证，因此在设计这些文件时，应特别注意简化文件的查找和审核过程。

（三）资金报表的设计

企业的资金报告可以展示企业在某一天的财务健康和资金流动状况。在编制资金报表时，需要综合考虑企业的资金记录和其他相关信息。因此，在设计财务管理信息化系统的资金报表时，应确保资金报表与资金数据文件的设计是紧密相连的。

1. 资金报表的设计原则

第一，合法性与合规性原则。不只是关于资金的报告，企业的其他财务报表在设计时都必须遵循这一准则。报表的设计，包括其格式、制定的规则和要求，都应严格遵循国家的相关条例。

第二，统一性与一致性原则。在相同的会计实体内，为了使总公司能更方便地对资金报表进行汇总和编制，无论是各个分支机构还是基层单位，在编制资金报表的过程中都应确保报表项目、指标口径和填列方法的一致性。不论是内部的资金报告还是外部的资金报告，都应当确保它们的统一性和连续性。这里提到的前后一致意味着，在明确了资金报表的制定规则和要求之后，就不能随便进行修改，以确保报表编制规则和要求保持相对稳定性。

第三，系统性原则。在编制资金报表时，需要从其他功能模块中提取数据。为了方便数据传输并确保数据的准确性和安全性，在设计资金报表时应将其与会计系统整合和系统化。

第四，适用性原则。由于企业在内部资金报表和外部资金报表的目标和应用范围上存在差异，因此在编制资金报表的过程中，应依据内部和外部资金报表各自的特性来定制不同的报表格式。设计内部资金报表时，应力求提供更为详细的信息，以方便生成相关的分析图表；对外的资金报表则可以相对简洁一些。

第五，扩展性原则。在设计资金报表时，也应当考虑到未来系统升级所需的扩展潜力。

2. 资金报表报送方式的设计

关于资金报表的提交主要有三种途径，即通过打印提交、使用软盘或光盘进行提交以及通过网络进行数据传输。面对各种不同的提交方式，应当选择相应的设计策略。

打印报送是最初的资金报表提交方法，将生成的资金报表打印出来后，可以通过邮寄、递送等方式提交。由于打印报送方式存在传输速度缓慢和数据获取不方便的问题，目前这种方式主要是在特定的情况下才会被采用。

软盘或光盘的报送方式在如今得到了广泛应用，其中包括将资金报告复制到软盘或刻录到光盘上以供报送。通过软盘或光盘提交的财务报告能够被计算机读取、整合和分析，从而提升了工作的效率。

网络传输报送是一种通过计算机网络直接提交资金报告的方式。大型企业在建设内部局域网时，通常会选择使用局域网进行数据报送，而位于不同地域的中小型企业或其子公司的集团企业则更倾向于使用因特网进行数据报送。

二、财务管理信息化系统的组织管理制度

财务管理信息化系统的组织管理制度内容包括组织机构和岗位责任制、操作管理制度、财务业务程序管理制度、计算机软件和硬件系统维护管理。

（一）组织机构和岗位责任制

1. 财务管理信息化系统组织机构的设计

随着财务管理信息化系统的广泛应用，财务部门的组织结构将不可避免地发生变化，因此组织结构必须进行适当的调整，以满足财务管理信息化系统的操作需求。然而，信息化系统的应用是一个阶段性的过程，它需要经过实际测试才能完全替代传统的手工操作，因此机构的配置和调

整是可以逐渐实施的。

随着财务管理信息化取代传统的手工操作，财务部门的组织结构将不可避免地发生变化。为了更好地适应财务管理信息化系统的需求，财务部门的组织结构需要做出相应的调整和优化。在对组织结构进行调整的过程中，财务部门可以划分为数据准备组、信息处理组和财务管理组三个不同的部门。在财务管理信息化系统中，数据准备组主要承担手工处理的任务，包括设计、管理、汇总和审核各种原始的凭证和单据。财务管理信息化系统的日常运营和维护是由信息处理组来负责的，包括数据的输入、备份、管理和查询，以及与系统相关的软件和硬件的常规维护工作。财务管理团队主要负责对各种财务数据进行分析和整合，并参与财务决策的过程。

2.财务管理信息化系统岗位责任制

在对财务组织机构进行多个工作组的划分之后，可以根据每个工作组的具体业务活动来确定相应的工作岗位，并为每个工作岗位设定了明确的职责和权限。在财务管理的信息化系统里，可以将工作岗位划分为原始岗位和信息化岗位两大类。在原始的工作岗位上，主要任务是编制和管理单据，这与传统手工岗位的职责相差无几；在信息化工作岗位中，主要任务是对系统和数据进行管理，而各个具体岗位的职责和权限也各不相同。系统管理职位拥有对系统操作人员进行分配的权限，通常由财务负责人来执行；数据录入的职责仅限于数据校验，不能修改或复核原始单据上的数据。大多数情况下，这一角色由普通财务人员来担任，而出纳和系统维护人员则无法执行；负责数据复核的职位需要对提交的单据和数据进行严格审核，不合格的将会被退回处理，这一职责通常由财务主管来承担；数据管理职位需要与系统管理职位合作，确保数据备份的顺利进行，同时要确保软件数据的安全性，这需要既细心又有责任感的人员来承担这一安全和保密的职责；财务管理信息化系统的正常运作是由系统维护岗位来负责的，该岗位需要具备专业的计算机知识和软件开发能力，通常由软件开发人员来担任。

(二)操作管理制度

1.操作人员的管理

操作人员管理涉及根据岗位职责的相关条款来分配操作人员的职位。财务信息化管理系统中的系统管理员负责岗位的分派、操作的授权以及保密字符的设置等任务。当需要为操作人员分配任务时,必须提供操作人员的全名、权限和保密信息。

2.操作人员的权限

为操作人员设置权限是确保财务管理信息化系统稳定运行的关键措施。在运用财务管理信息化系统的过程中,有必要配置一名负责操作的管理员。作为操作管理员,他们具有相当大的权限,几乎可以使用系统内的所有功能和程序,因此管理员需要根据企业财务管理信息化系统的特性来配置财务信息化体系。

3.上机操作规程

财务人员的操作权限、程序和职责在上机操作规程中得到了严格的规定,这确保了财务管理信息化系统能够安全稳定地运行。

只有获得系统管理员认证并拥有合法使用权限的人员,才能被视为操作人员。无论是上机前还是上机后,都需要进行详细的登记,并在登记过程中详细记录上机人员的真实姓名、使用时长和操作细节,以供系统管理员进行核查和确认。在开始操作之前,操作员需要确保所有的操作步骤都已准备就绪,这样可以避免因准备不充分导致机器长时间使用,从而提高整体的工作效率。在执行上级的操作之后,操作人员必须做好充分的工作备份,这些备份数据由财务部门妥善保管,只有当上一次的上机操作数据备份与机器内的数据完全核对后,才能开始机器的运行。在系统的运行阶段,如果需要中途退出,务必在离开之前将其退出系统,避免被他人冒用或越权操作。

(三)财务业务程序管理制度

第一,为确保输入财务数据的准确性与合法性,未经审核的财务数据不得输入计算机。

第二，当天发生的财务业务必须当天入账。

第三，期末需按规定时间记录账务、计算利息。

第四，期末时，资金报表需及时生成、打印，同时还应放置未记账的凭证及单据。

第五，资金原始单据、账簿、记账凭证、报表等需按相关规定装订。

第六，充分运用计算机的数据分析功能，以定期或不定期的形式向财务主管上报财务指标及数据分析结果。

（四）计算机软件和硬件系统维护管理

随着市场经济和企业的持续成长，企业的财务管理方式也会经历相应的调整和变革。当企业财务工作出现变动时，财务管理的信息化系统软件需要进行相应的调整。另外，在软件出现故障的情况下，系统软件需要进行故障诊断和修复，这些都构成了软件维护工作的一部分。

硬件维护涵盖多个方面，包括硬件设备的升级和扩展，在硬件出现故障时如何进行故障的诊断和修复，以及修复完成后需要进行的调试工作。

软件和硬件设备的维护工作是由软件维护人员来承担的。为了保证财务管理信息化系统能够正常运行，维护人员需要定期对系统的软件和硬件进行维护，以便在出现故障时能够迅速解决问题。

三、财务管理信息化系统的安全控制制度

尽管当前的财务管理信息系统已经逐渐完善，但它也不可避免地会遭遇各种安全挑战，这些挑战可能会妨碍其正常操作。因此，构建一个全面的系统安全管理体系变得尤为关键。

（一）财务风险的成因

财务管理信息化风险指的是由人为或非人为因素导致的财务管理信息化系统的安全性下降，从而引发系统信息的失窃、失真，以及系统的软件和硬件无法正常运行等问题，对企业的财产造成损害。影响企业财务

管理信息化系统风险的主要因素包括计算机软硬件的风险、信息化处理的风险、计算机病毒的存在以及工作环境的风险等。

1. 计算机软、硬件风险

计算机软件是支持财务管理信息化系统运行的所有程序，而计算机则是这些软件的物质基础。在各种不同的应用场景中，软件需要进行适当的调整和修改，同时随着技术进步，软件也应当持续地进行升级和更新。财务软件不仅数量众多，而且结构复杂，这对软件的操作提出了严格的标准。若软件未按照规定进行安装或使用，这将带来软件相关的风险，增加财务管理信息化系统的风险。

财务管理信息化系统的单机和网络环境都是由计算机硬件构建的，这为财务软件的运行提供了必要的物质支撑。根据财务软件的特定需求，计算机硬件有能力构建一个能够支持软件正常运行的计算机环境。如果计算机的硬件配置出现错误，或者选择了功能或质量不达标的硬件产品，那么硬件的运行可能会变得不稳定，这可能会干扰财务软件的正常工作，导致系统功能不能完全展现。

2. 信息化处理风险

虽然传统的手工财务操作方式存在效率不高和错误频发的问题，但它确实有明确的职责划分和明确的权责划分，每一个业务环节都有详细的记录，一旦出错，责任将会被明确地追究。在财务管理的信息化系统里，所有数据都是经过计算后提交的，出现错误时不能直接追究责任，同时资料的保存也可能面临问题。

3. 计算机病毒风险

计算机病毒是一款具备自我复制能力的微型程序，它常常会附着在内存文件或者磁盘文件上。计算机病毒有能力在整个计算机系统中传播，并对计算机的程序、数据乃至硬件造成损害。随着信息技术的不断进步和广泛应用，计算机病毒的传播途径和渠道变得越来越多样化，传播速度加快，对财务管理信息化系统构成了巨大的威胁。

4. 工作环境风险

工作环境指的是计算机的物理操作环境。计算机作为一种高精度的电子设备，对其物理工作环境有着严格的标准，包括防水、防火、防潮、防干和防震等,同时对工作温度有特定的要求。如果物理操作环境非常恶劣,那么计算机的正常运行可能会受到干扰,进而对财务管理的信息化系统产生不良影响。

(二)几种安全制度的设计

针对上述造成财务管理信息化系统风险的几种成因,可以设立相应的安全制度进行防范。

1.计算机软、硬件安全制度设计

财务软件的保养需要有专门的人员来负责,这些维护人员有责任对软件的质量和性能进行全面检查。在软件安装完毕之后,必须有经验丰富的专家来检验软件的兼容性和实用性。如果系统在操作过程中遭遇软件的故障,系统的维护团队应当迅速报告、深入分析并采取相应的修复措施,如果系统维护人员发现软件出现无法修复的故障,应当迅速向企业的软件开发者或其他技术专家寻求帮助。对于使用商品化财务软件的公司,软件开发者主要负责软件的各种修改、升级和维护工作,而企业的系统维护团队则主要与软件开发者保持业务沟通,当需要对正在运行的财务软件进行更改、更新或替换计算机硬件时,必须完成相关的审批流程。另外,在软件进行硬件设备的修改、升级或替换时,必须确保财务信息的安全性和连续性,并需要有专职人员对整个过程进行持续监控。

企业需要设置专门的人员负责购买和组装计算机硬件,以及相关的辅助设备。在设备完成组装之后,使用之前需要先对硬件的兼容性和可用性进行检查,如果系统在操作过程中遭遇硬件的故障,必须迅速报告并查找故障的原因,并进行相应的修复。系统管理员和系统维护团队共同确定了硬件设备的更新、扩展和修复时间表,其中系统管理员主要负责设备的安装和调试工作。在进行硬件的维护时,对于可以通过软件工具来处理的小问题,企业的内部系统维护团队通常可以提供解决方案。但如果问题变得更为复杂,那么就需要与硬件制造商和销售商进行沟通以寻求解决方案。

2.财务档案管理制度设计

在实施财务管理信息化系统之后,由于财务档案呈现出磁性化和不

可见性的特征，这就要求企业在管理财务档案时必须特别注意防磁、防火、防尘和防潮等方面的工作。

另外，对于关键的财务文件，应当及时进行备份处理。为了确保财务数据的安全性，所有存储数据的光盘或软盘都应该被妥善地放入盘套或硬盒内，同时要确保存储环境的安全和整洁，并进行适当的防磁、防潮和防火措施。所有书面的财务文件，如各类单据、证明、报告等，都应严格遵循财务文件的保存期限和管理方法进行使用和维护。所有由计算机设置的操作系统和软件、购置的商业财务软件，以及这些软件的备份，都应当被妥善地保存在财务档案中。

3. 病毒预防安全制度设计

应当努力构建坚固的网络防火墙，以抵御外部计算机病毒和黑客的侵害，定期利用防毒软件进行病毒检测，确保数据备份，最大限度地减少计算机病毒可能带来的损害。

4. 环境安全控制制度设计

为了避免突然断电带来的潜在风险，企业应该为财务管理的信息化系统提供持续的电源，确保在断电情况下系统仍能稳定工作。企业的机房要配备稳定的电源供应，做好防水、防干工作，还配备了空调和抽湿设备，以确保机房环境满足规定的标准，从而为系统的正常运行创造了良好的外部环境。

第三节　企业财务管理信息化制度的实施

一、财务管理信息化制度的学习与培训

在完成财务管理信息化制度的建立后，制度公布的日期与制度实施日期应该留出一定的时间间隔，建立制度的部门应该在发布制度前向相关人员提交参与制度学习与培训的人员名单，他们主要是财务人员与相关维护人员。在公布制度并进行学习与培训之后，参与人员可以将意见反馈到制度建立部门，部门应根据意见对制度进行适当的调整和修改。制度完善之后，再面向企业正式发布，并对需要重点学习制度的部门和人

员提出具体要求。

二、财务管理信息化制度的执行监督

为了确保财务管理信息化制度得到有效执行，需要设立专门的部门进行定期的审查和随机抽查。鉴于财务管理信息化制度的广泛应用和巨大的执行监督任务，为防止因人手不足或员工素质问题导致的监督不力，可以在企业内部设立一个专门的监督投诉栏目。在这个专栏中，所有员工都有权对监督管理部门在执行制度考核方面的表现提出自己的观点和异议。监管部门有责任对投诉栏内的反馈进行调查和跟踪核实。

三、财务管理信息化制度执行监督的监控

通过成立考核执行监控组，可以对财务管理的信息化制度执行进行有效的监控。

监控组主要负责两项任务，首先是对监控组的执行状况进行持续监控，例如调查投诉栏中的反馈，以及检查是否存在需要评估但未被评估的情况；其次是对考核过程中可能出现的弹性问题，需要进行考核结果的监控，以提高考核执行的精确度和准确性。监控组可以是一个虚拟的团队，由勇于公开不良行为并敢于质疑的员工组成。

四、财务管理信息化制度的定期完善

在一段时间的实施之后，通过对财务管理信息化制度的持续监督和检查，可能会觉察到当前制度中的缺陷。在这种情况下，需要迅速给出反馈，并由负责制度建设的部门对这些制度进行修正和完善，以满足当前财务管理信息化系统的操作需求。因此，对财务管理的信息化制度进行定期的优化和完善显得尤为关键。

在财务管理信息化制度实施了一段时期之后，通过持续的监督和监控可以发现其中的不足之处。因此，相关的管理部门需要及时向该制度的建立部门进行反馈，并对这些不足进行修正和完善。通过对财务管理的信息化制度进行严格的监督和管理，可以更好地加强公司对这些制度的管理，提高制度的执行力，增加员工对这些制度的归属感。

第九章　财务管理信息化的应用分析

第一节　企业级财务管理信息化应用

企业级财务管理信息化应用指的是在企业内部建立一个财务管理信息化系统，该系统的决策信息是面向企业的管理层的。根据财务管理信息化在不同企业应用阶段的表现，可以进一步分为局部财务管理信息化应用和整体财务管理信息化应用两类。

一、局部财务管理信息化应用

在企业初步实施财务管理信息化的阶段，财务管理信息化的活动局限于财务部门内部，主要通过计算机或构建的网络平台来完成财务分析、财务决策和财务预算等任务，从而为企业的管理层提供必要的决策信息。局部财务管理的信息化应用包括财务分析、投资决策、筹资决策、股利分配以及经营决策这五个方面。

（一）财务分析

在局部财务管理的信息化应用中，财务分析主要以财务报表和其他相关资料作为分析依据和起点，通过比较分析法或因素分析法，对企业过去和现在的经营成果和财务状况进行分析和评价，以了解企业过去的经营状况和财务状况，并对当前的企业经营状况进行评估，从而预测企业未来的经营状况，帮助企业做出更好的经营决策。

（二）投资决策

为了让企业的经济资源实现增值，企业将开展一系列的投资行为。投资可以根据其种类的不同，分为实物投资和金融投资。经济资源被视为企业中的珍贵资源，因此在进行企业投资时，最先要考虑的因素是投资的有效性和投资效率。在当前的财务管理信息化背景下，各企业将借助计算机网络系统，运用更为先进的技术和方法来分析投资项目的财务可行性，为企业在做出投资决策时提供更为科学和准确的信息支持。

（三）筹资决策

为了满足公司的资金需求，就要进行筹款活动和集中资金。在当前的财务管理信息化背景下，企业筹资决策的核心任务是明确企业的资本构成，选择最适合的筹资策略，确定企业的资金需求和长期负债的比例规划等。

（四）股利分配

股利分配是筹资活动的延伸。企业在获得利润之后，就会根据股利分配的原则将一定的股利发放给股东，剩下的利润将继续用于企业的投资活动。

（五）经营决策

在企业的日常生产和经营活动中，经营决策涵盖了所有的决策内容。在传统的手工操作模式下，财务部门与其他部门之间的信息交流相对较少，缺少高效的沟通机制，因此财务部门在企业的生产和经营决策过程中参与不多。在当前的财务管理信息化背景下，企业的财务部门可以与其他部门实现高效的信息共享，从而确保财务决策与生产和经营决策之间的紧密合作，共同达成企业的战略目标。在制定购买计划的过程中，可以根据企业成本规划来管理现金开销。

二、局部财务管理信息化的实现策略

在局部财务管理的信息化过程中，为了满足短期或偶发性的财务管理需求，或者独立的财务需求，通常会采用灵活的方法和手段，但这些方法和手段往往缺乏系统性。因此，在局部财务管理的信息化应用场景中，财务管理信息化主要是通过计算机网络平台来创建决策模型，以满足决策需求，并迅速生成所需的辅助决策结果。

（一）通过工具软件构建财务管理模型

1. 数据获取

在这个模式中，由于缺少覆盖整个企业的网络平台和数据仓库技术的支撑，财务决策和控制所需的基本数据并不是孤立存在的，而是需要依赖其他信息系统来提供。

在部分财务管理的信息化应用场景中，财务管理信息化主要集中在财务部门，并没有建立覆盖整个企业的数据仓库和网络平台。因此，财务决策和控制所需的所有基础数据都需要从其他信息系统中获得。获取这些数据的主要方法包括手动录入、查询导出、从数据库中导出以及使用特定的工具软件来获取外部数据。其中手动输入、查询输出和数据库输出都是一次性的数据获取方法，而利用工具软件来获取外部数据则是一种动态的数据获取方式，但这种方式的应用难度相对较高。因此，使用者要有准确识别会计信息系统的数据库架构的能力。

2. 工具软件的选择

在部分财务管理的信息化应用场景中，主要的财务管理任务是通过Excel和其他相关软件工具来完成的。这套工具软件为用户提供了丰富的计算和分析手段，不仅可以执行基础的计算任务，还具备数据统计、分析和预测的能力，同时支持线性规划、单变量求解和数据透视等多种功能。这些工具软件不仅拥有出色的数据处理能力，还为决策模型的构建提供了强大的平台。在财务管理领域，绝大部分的决策模型都是通过图标来构建的。因此,在局部财务管理信息化应用中使用的各种工具软件都具备出色的图形生成和制表能力,能够有效地支持决策模型的构建工作。除了上面提到的功能,工具软件还需要具备一定程度的数据采集能力,以便在某种程度上获取决策支持所需的基础数据。事实上,在财务管理信息化的早期阶段,获得有力的决策支持数据成为影响决策成效的核心因素。虽然工具软件拥有获取数据的能力,并能在某种程度上获取多个层次的相关信息,但其在数据存储和数据管理方面的能力相对较弱。由于决策流程的独特性,管理信息化系统与会计信息系统相比,展现出更为出色的交互能力,它可以准确地识别用户的决策需求,并实时收集支持决策的各种数据,从而产生更为科学的决策输出。因此在局部财务管理的信息化应用场景中,以 Excel 为核心的软件工具成为执行简单财务决策和进行财务分析的理想选择。

3. 构建模型

如前所述,Excel 因其出色的数据处理能力和简单方便的操作界面,已成为局部财务管理信息化应用中构建财务决策模型的常用工具软件之一。利用 Excel 来建立财务管理的决策模型主要包括五个关键步骤,接下来将对此进行简单的介绍。

第一步,依据财务管理的理论构建决策所需的数学模型,而这个数学模型正是建立财务决策模型的核心部分。

第二步,需要确定数学模型里的各种参数、这些参数的起源以及如何获取它们。有三种方式可以通过 Excel 来获取参数,即手动输入、导入外部数据以及外部数据。对于那些零星的数据,可以直接采用手动输入的方法来获得;大量的数据可以通过财务软件转换为中间数据状态,然后利用 Excel 软件的外部数据导入功能将数据导入软件,或者通过 Excel 的建立查询功能,构建 SQL 语句直接获取外部数据。

第三步,制定决策模型的表格。在 Excel 软件环境下,决策的流程和结果通常以表格的方式呈现,所设计的表格需要能够清楚直观地展示数据计算的全过程,这样不仅便于理解,还可以多次重复使用。在众多的决策模型中，决策参数和结果通常由两个或更多的表格独立表示，并配备特定的保护措施，以确保公式单元和计算结果单元的完整性，防止数学模型受到损害。此外，还要设计一个清晰的展示界面，帮助使用者更深入地理解决策流程和结果。

第四步，要明确公式的定义。Excel 拥有出色的计算能力，并为使用者提供了众多的运算函数。在构建公式的过程中，这些函数可以被充分且灵活地应用，从而让公式变得更为直观，易于理解。

第五步，进行计算并将其清晰地呈现出来。当使用 Excel 来构建决策模型时，数据分析和计算结果通常以图形的方式呈现。因此，利用各种图表（例如直方图、饼图、折线图、散点图等）来呈现复杂决策模型的分析或计算成果是一个不可或缺的步骤。

4. 模型调用

执行制作好的模型并生成计算结果，或者为模型编制目录和调用界面，方便反复使用和执行。

（二）通过二次开发技术实现部分财务管理功能

随着用户需求向着多元化发展，现有的软件功能已经不能完全满足用户的所有需求。因此有必要对现有的软件进行一系列的补充、开发、优化或取消某些功能，使其更好地满足用户的多样化需求，这一过程被称为二次开发。通过合理地运用企业现有的财务软件并进行二次开发，能够增强满足企业各种需求的功能。

1. 二次开发的条件

在进行二次开发的过程中，首要任务是评估是否满足二次开发所需的条件，以及二次开发技术的可行性。通常对软件进行二次开发，必须满足特定的开发条件或确保二次开发的技术是可行的。想要进行二次开发的软件必须满足五个基本要求。

第一，该系统具备标准化的数据接口，该接口能够与其他系统进行数据共享和连接；

第二，拥有一种相对先进的开发工具，能有效地提供中间层的组件；

第三，具备较强的可执行性，可以兼容多个数据库，并能在各种不同的操作环境中使用这些数据库的数据；

第四，拥有很高的灵活性，能够执行各种个性化的操作；

第五，拥有开放的基础数据结构，允许用户直接从数据库中提取所需数据。

2. 二次开发的实现策略

第一，利用报表软件进行二次开发。目前利用财务软件中的报表系统进行二次开发被视为一种相对简单的二次开发策略。一个出色的财务报表软件不仅拥有出色的财务报表定义功能，还具备二次开发的数据接口，允许用户通过此接口编写简洁的指令和程序代码。利用报表软件进行的二次开发可以与会计信息系统建立更紧密的联系，从而直接获得所需的基础数据。然而报表软件的二次开发能力有限，不能满足企业多元化的财务管理需求。

第二，借助工具软件完成二次开发的过程。微软公司专门为其 Office 软件设计了 VBA 编程工具，该工具在处理复杂的财务管理任务时，特别是在 Excel 中，得到了广泛的应用。VBA 软件的设计和使用方式与 Visual Basic 有许多相似之处，它采用了面向对象的编程方法，为用户提供了可视化的编程环境，使他们能够进行简单的程序开发。

第三，利用会计信息系统所提供的二次开发工具来完成二次开发工作。伴随着科技进步，会计软件功能变得更为强大和全面，能够满足企业日益增长的个性化需求。因此，越来越多的信息系统开始提供二次开发平台，它们可以迅速完成业务单据、报表和业务逻辑的生成，并通过一系列的集成设计来满足企业的多元化和个性化的需求。

3. 二次开发的实现步骤

步骤一，了解企业在数据综合利用方面的各种需求，明确二次开发的功能。

步骤二，原软件的技术分析，充分了解原软件的工作原理、数据结构、技术参数等。

步骤三，结构设计，包括数据接口设计、功能设计、数据处理流程设计、数据存储设计、显示设计、输出设计等。

步骤四，编制程序，满足企业的个性化需求。

步骤五，系统测试，对开发程序的稳定性和正确性等进行验证，及时发现系统漏洞及与原软件的连接问题。

步骤六，系统的运行与日常维护，保障系统安全、稳定地运行。

三、局部财务管理信息化应用模式评价

在企业进入财务管理信息化的初级阶段时，局部财务管理信息化的应用显示出较高的推广和应用价值，具有灵活应用和易于移植的优点。

局部财务管理的信息化应用可以通过各种工具软件或进行二次开发来实现，不仅具有很高的灵活性，而且完全符合财务管理、财务决策和财务分析等活动的特性，实施起来相对简单，涉及的技术也相对直接。特别是在没有统一的信息系统规划的背景下，该系统能够解决财务管理信息系统存在的功能不足，并能满足企业个性化的需求，因此具有很高的实际应用价值。在企业初步实施财务管理信息化的阶段，财务决策和财务分析基本不需要额外的资源投入，因此决策模型可以相对容易地进行移植和应用。然而从长期的角度看，部分财务管理的信息化应用确实存在不足。

首先，由于缺少统一的数据处理平台，决策过程显得不够系统化。在制定财务决策时，需要依赖大量的数据。在现行的会计系统中，由于缺乏统一的数据平台和前期的统一规划，无疑增加了数据收集的复杂性和难度，同时收集到的数据对决策的支持也相对较弱。在执行决策模型的过程中，通常是通过手动或者半手动的方法来获取数据，这极大地削弱了数据的可信度。另外，决策模型的执行是独立的，这限制了决策行为的系统性。其次，没有足够的财务管理功能。在财务管理中，决策和控制占据核心地位，但在局部财务管理的信息化应用中，由于缺少高效的财务控制手

段，很难构建一个完善的财务管理框架。为了实现财务控制职能，客观上需要一个系统化和程序化的财务管理信息系统。但是仅仅依靠工具软件或二次开发等手段来实现局部的财务管理信息化应用，是无法满足财务控制职能实际需求的。

综上所述，当企业处于财务管理信息化的初级阶段时，局部财务管理信息化的应用显得尤为重要，其是在没有完善的财务管理信息系统支持下的一种临时解决方案。

第二节　整体财务管理信息化应用

一、整体财务管理信息化应用的主要内容

整体财务管理信息化是面向整个企业的，它通过计算机和网络平台来实现企业的财务决策、财务控制和业务处理等多方面的信息化处理。在整体财务管理的信息化阶段，财务管理已经超越了财务部门的界限，深入企业的生产和经营各个环节，实现了财务分析和风险预警，现金、预算、成本的控制和管理，以及企业财务绩效的评估。

（一）财务分析与风险预警

在财务管理的信息化进程中，财务分析不再是对财务报表的分析，而是转向了对综合财务信息、业务数据等多种信息的综合评估和分析。在信息化背景下，风险预警成为财务管理的核心议题。应基于企业生产、经营指标分析企业财务风险、经营风险、管理风险等，做到提前预警、有效规避。

（二）现金管理与控制

企业持有的现金不只是现金，还有银行存款、银行本票、汇票和电子货币等多种形式，这些都是企业现有的现金和流通票据的总和。现金具有较强的流动性，能够迅速完成购买和偿还债务等任务。在企业的总资

产中，现金的受益性相对较低，持有过多的现金可能会对企业的盈利产生不利影响。因此，现金管理的关键在于确保企业拥有最优的现金储备，并在资产的流动性与盈利之间找到最合适的平衡点。

在企业的整体财务管理过程中，可以利用企业资源计划来策划企业的生产和经营活动，这样可以更为准确地预测未来一段时间的现金流量，并将其与企业的预算、生产支援等业务活动相结合。另外，随着网络银行和电子货币的兴起，利用财务管理的信息化手段来加强对公司现金流的监控将成为公司的首选策略。

制定现金预算、管理现金的收入和支出、现金的持有量决策以及在线结算管理，这些都构成了企业现金管理的核心部分。在企业的现金管理中，合理地制定现金预算是企业管理的核心。

（三）预算控制及管理

预算不只是企业决策过程中的具体操作，还是财务管理信息系统在控制企业的生产和经营活动中的重要参考，是企业计划任务的实际成果。在财务管理过程中，预算充当着连接财务决策和财务控制的重要纽带。在传统的财务管理实践中，预算往往只被用来控制成本。但在财务管理的信息化进程中，预算已成为一种有效地调控企业资源，以实现最佳的生产效率和利率的手段，因此预算管理受到了广泛的关注。

在财务管理信息化中，科学的预算被视为核心要素，而一个科学且合理的预算反映了决策的成果。为了将决策转化为高效的执行流程，必须通过特定的计划来实施，而这些计划是通过预算来体现的。此外，预算作为财务管理的参考框架，能够在决策执行过程中及时修正出现的误差，确保决策目标能够准确达成。

按照预算周期的长短，预算可以划分为长期预算和短期预算；按照预算内容则可以分为销售预算、现金预算、费用预算、生产预算以及采购预算等。

(四)成本控制与管理

在当代的企业管理实践中,控制成本是提升企业利润和竞争优势的关键手段。成本控制指的是利用成本作为主要的控制手段,对企业的生产和经营行为进行有效的管理和控制。在信息化的背景下,企业的成本控制有了更多的实施路径和新的含义。企业可以通过信息网签与上下游企业实时交换信息和数据,这种在线交易和结算方式大大提升了物流效率和存货周转率,从而有效降低了企业的采购成本和存货水平。

此外,通过对生产和车间的管理,可以有效优化企业的生产环境,减少生产的总成本。并且通过网络营销和线上客户管理等手段,销售支出和销售成本都得到了显著的降低。在信息化的背景下,成本控制和管理不再局限于制造成本的单一管理和核算,而是形成了一种基于信息化平台,深入企业生产和经营各个环节的成本控制和管理体系。

(五)企业财务绩效评价

在当前的信息化背景下,仅仅依靠财务测量方法来合理评估企业的绩效显然难以获得满意的成果。现代企业的财务绩效评估不仅涵盖了对员工、流程、供应商、技术和创新能力的全面评价,还包括对企业未来价值的前瞻性预测。在财务管理信息系统的框架内,利用平衡计分卡等多种工具,可以将组织的各项目标、目标值和指标与具体的行动计划进行有效整合,确保企业战略得到有力的执行。

二、整体财务管理信息化的运行框架

整体财务管理信息化应用阶段,为了更好地支持企业的综合性决策与控制,支持企业系统化,需要切实地实现财务管理信息化,建立完整的财务管理信息化系统势在必行。

(一)业务处理

企业的典型业务流程包括采购—支付、生产—转换以及销售—收款等环节。在传统的业务处理体系里，业务处理主要集中在业务数据的采集和记录两大方面，强调系统的实时性和稳定性，由业务活动生成的核心数据将被存储在业务处理系统的业务数据库里。在财务管理信息系统中，可以引入更先进的智能设备，并在业务处理系统中增加更多的业务控制功能。这些功能不仅可以收集和记录业务数据，还可以实时修正和管理业务信息，以达到实时控制的目的。

（二）存储数据和信息

数据仓库是一种基于数据库和网络技术进步而构建的关系型数据库管理系统，主要用于决策管理。数据仓库拥有庞大的存储容量，并配备了自动数据更新和删除的功能，能够全面满足决策制定和事务处理系统的各种需求。数据仓库技术构成了财务管理信息化的核心技术，它是财务管理信息系统中不可或缺的关键组成部分。

在一个完备的财务管理信息系统里，数据扮演着为企业财务管理和决策制定提供关键支持的角色。与局部财务管理信息化应用中的数据不同，这些数据并不是孤立、原始的，而是在经过深入的抽象处理后转化为元数据，为企业管理层在制定决策和实施财务管理提供了关键的依据。

为了实现财务管理系统的信息化，数据的高度抽象性是至关重要的，这也是整体财务管理信息化应用与局部应用之间的主要差异。因此，全面的财务管理信息化应用必须构建一个能够支持财务决策的数据库管理系统。

（三）财务管理信息系统

在全面的财务管理信息化应用场景中，财务管理信息系统应当拥有出色的数据采集能力、决策模型构建能力、高效的会话处理能力、决策信息提供能力以及强大的控制功能。

企业在进行各种财务决策时，都要有精确和科学的数据支撑。为了给决策过程提供坚实的数据基础，这些数据必须从大量的数据中进行筛选、整合、总结、计算和处理。因此在这个阶段,强大的数据获取能力是财务管理系统所必需的关键技能之一。财务管理信息系统应具备支持多种统计技术和调用手段的能力,拥有较强的决策模型构建能力,并允许用户自行定制计算方式,以便系统能迅速和及时地生成用户所需要的数据。尽管财务管理系统不能完全替代企业管理层的决策制定,但通过其强大的功能,企业管理层可以获得基于科学和可靠的决策依据,并能够接受决策者提供的反馈信息。在财务管理信息系统中,控制能力被视为核心能力,它可以通过多种指标和预算来对整个业务处理流程进行持续监控。此外,财务管理信息系统必须拥有出色的会话功能和简洁的用户界面,这样用户才能轻松、迅速地进行系统的构建或调用决策模型。

三、整体财务管理信息化的实现策略

与局部财务管理的信息化应用相比,在整体财务管理信息化应用的过程中,财务管理信息系统的架构经历了显著的变革。首先,一个完备的信息技术平台应当是财务管理信息系统的中心,而不是依靠工具软件并且与其他系统隔离。信息化平台主要由财务管理信息系统、数据库管理系统和业务处理系统组成,旨在为企业的财务管理活动提供全面和系统的支持。其次,一个完备的信息技术平台确保了决策和控制的完美融合。在财务管理信息化的整体应用过程中,财务决策不再=是一个偶然的选择,而是转化为实际执行的一部分,目的是确保在实施的过程中不会偏离预定的目标。因此,整体财务管理的信息化应用与信息系统的执行流程有许多相似之处,主要包括以下步骤。

(一)确定系统目标和系统规模

实现财务管理的信息化是一项颇为复杂的任务,在搭建财务管理系统之前,必须明确系统的实施目标,也就是要解决系统希望解决的核心问题。确定系统的规模应依据企业期望达成的管理目标来进行。最终,基于已确定的系统规模来评估管理目标的可行性和成本效益。

（二）实施策略与方案的编制

在制定实施方案时，必须基于明确的管理目标和系统规模，详细列出规划、实施方案和步骤、实施进度、实施机构、阶段性任务和经费预算等各个方面。在制定实施方案时，应深入与用户沟通，充分了解他们的需求，并以企业的具体状况作为方案制定的基石。企业不应该盲目地追求不实际的目标，而应该以确保实时策略和计划的成功为基础。

（三）调查与需求分析

为了使系统成功实施，需要深入了解用户的业务流程和需求。因此，深入研究用户的业务流程，明确他们的需求，并了解旧系统中可能存在的问题和不足，是整个系统实施过程中的关键步骤。对于用户的调查，可以选择实地考察、发放问卷或者直接进行走访等多种方法。

（四）选择实现方案

对于用户来说，在整个财务管理的运行过程中，主要有两种可选的实施方案，一是开发，二是外购。无论是自主研发还是委派第三方进行开发，尽管都能满足公司的各种需求，但由于开发的成本过高，这种方法很少被采纳。随着商品化软件逐渐向模块化和多样化方向发展，软件的灵活性也得到了进一步的增强，一些软件已经允许用户自行定义流程、单据、信息处理方式等。因此，选择高效的商品化软件平台，并在此基础上进行相应的改造，将是实现财务管理信息化的优选方案。

在财务管理信息化的整体应用过程中，用户主要可以选择开发或外购这两种实际方案。不管是在开发阶段还是在采购阶段，都能很好地满足用户需求，但由于开发成本过高，所以很少被采纳。伴随着科技的持续进步，商品化的软件也在不断创新，朝着功能化和多样化的方向发展，其使用和操作也变得更为便捷和灵活，同时支持用户进行多样化的自定义操作。因此，挑选一款与企业实际需求和情况更为匹配的商品化软件，并在此基础上进行适当的改进，无疑是实现企业财务管理信息化的一个理想选择。

（五）业务流程的优化与重组

依据软件所具备的各项功能以及用户的具体需求，对企业当前的业务流程进行了优化和调整，同时规划了各个处理环节的功能、数据处理的特性、权限和责任。对于某些特定的部分，可以根据用户的具体需求来调整软件的功能。

（六）不同层次的用户培训

培训是一个将用户需求与计算机管理模式相结合的活动，它可以在整个执行过程中持续进行。这种方法不仅有利于减少培训成本和提升系统执行效率，还能激发用户的学习热情和主动性。根据培训的目标群体，培训可以被划分为初级、中级和高级三个层次。

初级培训主要是为软件操作人员设计的，包括软件的操作技巧、功能实现以及与软件相关的计算机基础知识，使他们能够处理简单的故障问题。

中级培训主要是为系统的维护团队和各个部门的核心成员设计的，涵盖软件的操作原理、架构以及整个系统的操作流程。中级培训主要集中在系统的维护、安全的管理、数据库的管理系统以及规划与控制等领域。

高级培训主要是为部门经理和管理层设计的，重点是软件的各种功能和管理策略。高级培训实际上是对初级和中级培训的扩展，它更加强调对软件管理思维的深入理解，旨在实现人工与计算机系统之间的最佳融合。

（七）初始数据的整理

整理初始数据主要涉及确定各种初始数据和初始参数，例如编码规则、参数配置、原始数据的来源、提供者和提供方式，以及核算方法、数据处理流程和初始数据的准确性和完整性验证等。通过整理初始数据，可以避免在实施系统过程中出现数据错误或遗漏，从而控制系统实施的风险。

（八）系统试运行

系统试运行的核心目标是识别系统内部的缺陷和问题，而不是验证其正确性。试运行需要在模拟的企业实际操作环境中进行，用户输入实际数据考察系统的处理流程，以确定系统能否满足企业的需求和提高处理业务的效率，并对方案进行适时的调整和验证。

（九）软件的安装、调试与初始化

在这个阶段，虽然操作的难度相对较低，但所需的工作量却相当大。因此，执行人员必须严格遵循处理流程，以避免任何意外情况的发生。一旦系统中出现任何潜在风险，应立即采取措施进行修复和调整。

（十）系统运行与信息反馈

系统日常运行的管理与维护。在实际工作环境下验证系统的性能，记录系统运行的效果并及时反馈，制定系统改进方案。

四、整体财务管理信息化应用模式评价

从系统执行的视角出发，企业在信息化的早期阶段，实施整体的财务管理信息化是相当困难的，这需要投入较大的资金并进行合理的策划。从技术的角度分析，财务管理的信息化进程离不开数据仓库的强大技术后盾。然而与局部的财务管理信息化应用相比，整体应用具有系统性支持企业决策的巨大优势。这种决策可以被转化为可管理的预算数据和指标，并在实际的业务操作中得到应用，从而使会计信息的相关性和可信度显著增强。

第三节　集团企业财务管理信息化应用

一、集团企业财务管理

在集团企业的财务活动中，主要存在四个不同的层级，即母公司层、子公司层、关联公司层以及协作公司层。在集团企业的财务管理活动中，母公司层与子公司层的财务行为占据了核心地位。与独立企业相比，集团企业在财务管理方面面临更多的复杂性和挑战。

（一）集团企业产权管理

1. 产权关系

在集团企业的财务管理体系中，母子公司之间的投资管理关系构成了其核心要素。从公司内部的产权结构来看，母公司拥有对子公司运营活动进行控制和监督的权力，这不仅确保了母公司在资本投入方面的安全性，还能根据股东的权益来获得相应的收益，从而确保子公司的经营目标与母公司的总体战略目标保持一致。

2. 产权结构

产权结构作为连接企业母公司与子公司关系的关键环节，在构建产权结构的过程中，必须深入考虑母公司与子公司之间的相互关系。母公司从集团企业的战略目标和发展规划出发，将其持有的有形资产、无形资产、债权资产等向子公司投资，形成产权关系，并依法对子公司的经营活动进行约束和控制，实施间接管理。子公司在实际获得母公司的投资资产后，依然保持独立运营，以实现母公司设定的资产经营目标。在构建产权结构的过程中，母公司应当主动地指导子公司寻找多样化的投资机会，以形成一个多样化的产权体系。

（二）集团企业融资管理

在集团企业的融资管理中，资本融通与资本管理是主要内容。在这之中，资本的流通显得尤为关键，它有利于资本之间的相互支持和互利共赢。资本流通主要分为三类，外部的资本融通、内部的资本融通以及产融结合。选择适当的资本流通策略，可以做好集团企业的资金全过程管理、统一管理以及重点管理。

（三）集团企业投资管理

母公司会将其有形资产、无形资产和债权资产等投入子公司，从而成为子公司的股东，并根据股权的大小来行使所有权的职责。子公司实际上是这些投资资产的实际所有者，拥有资产的所有权和使用权，并对公司的债务承担有限的责任。从资产管理的角度来看，母公司对其资产有约束作用，因此可以采取间接的管理手段。尽管子公司是资产的真实持有者，但它们仍然受到母公司的产权限制，无法完全独立运营。在母公司和子公司之间，资产关系的和谐管理是确保双方利益得以实现的关键基础。

在明确了母公司与子公司之间的投资管理关系后，集团企业有权对子公司的资产进行有效管理。大型企业在做投资决策时，会考虑投资的机会、方向、规模以及具体的投资项目。

（四）集团企业内部转移价格管理

在集团企业内部，成员企业转让中间产品的成本被称为内部转移价格。在内部转移价格管理中，确定转移价格显得尤为关键。在确定转移价格的过程中，必须在保障集团企业利益的基础上实现公平、公正和合理的操作。

（五）集团企业收益分配管理

在集团企业的收益分配过程中，需要特别关注两个方面。首先是集团企业与国家利益之间的财务管理信息化，以利益如何分配；其次是集团企业的核心层和紧密层之间的利益如何分配。集团企业与国家之间的利益分配反映了国家和集团企业之间的财务关系，而集团企业的核心层与紧密层之间的利益分配才是集团企业利益分配的关键部分。

（六）集团企业财务监控

1. 人员监控

集团企业有能力通过管理子公司的财务人员来监控子公司的财务活动，并可以通过集中管理或双重管理制度来实现集团企业内部财务人员的垂直管理。

2. 制度监控

考虑到集团企业的运营管理需求和独立财务管理的要求，可以进一步完善内部的财务和会计管理规定，从而规范集团内部各个级别企业的财务操作。

3. 审计监控

采用内部审计手段有助于加强对集团企业内部财务状况的监管力度。审计监管工作需要一个完备和健全的审计机构，并明确指出审计监管的重点和关键点。

二、集团企业财务管理信息化

（一）集团企业财务管理信息化的概念

集团企业财务管理信息化就是将现代技术应用在集团企业财务管理中。在集团企业的运营中，财务管理部门运用先进的信息技术手段，对集团企业的管理流程进行了全面整合，并能迅速准确地向集团企业的各级管理层提供详尽的信息。此外，通过对财务管理信息的深入分析和处理，财务管理部门还能对集团企业的财务活动进行有力的控制、评估和分析，从而在整体上提升集团企业的财务管理效能。

（二）集团企业财务管理信息化的作用

在集团企业中，财务管理信息化的影响主要集中在四个关键领域。

第一，通过财务管理的信息化，集团企业在处理管理数据时的速度和效率都得到了显著的提升，确保了管理数据的高度准确性。

第二，财务管理的信息化不仅可以提升集团企业在财务管理方面的质量和水平，而且现代信息技术的运用也使得复杂的财务管理任务变得更为简洁和高效，减轻了财务管理人员的工作压力和劳动负担。

第三，通过财务和管理的信息化，集团企业在管理、控制和风险应对方面的能力得到了显著提升。财务管理的信息化进程有助于改变传统财务管理中事后分析和事后管理的模式，实现对财务活动的实时监控，从而提升集团企业在决策方面的能力。

第四，与时代同步的财务管理观念有助于更新集团企业的管理理念和观点，进一步推动集团企业在财务管理方法和理论方面的创新与发展，有利于提升集团企业在财务管理方面的整体水平。

（三）集团企业财务管理信息化的内容

在集团企业中，财务管理的信息化不仅覆盖了广泛的领域，还涉及众多的工作任务。从横向的视角来看，集团企业在财务管理方面涉及资金管理、全面的预算编制以及合并报表等方面。从纵向角度看，集团企业在财务管理上主要分为财务总部、子公司财务总部以及子公司核算部门等多个层次。集团企业在财务管理信息化方面的主要内容可以概括为四个方面。第一，利用现代信息技术来建立、完善、管理以及维护集团企业的财务管理信息系统；第二，需要加大对集团企业财务管理信息资源的整体开发力度，以实现资源的最优配置和使用；第三，需要改变集团企业的财务管理方式和业务流程，确保集团企业的财务管理流程得到有效的整合和整合；第四，需要加大对财务管理信息技术人才的培训力度。

（四）集团企业财务管理信息化的方法

1. 树立集团企业绩效管理的核心思想

通过实施集团企业的财务管理信息化，可以构建一个以企业业绩为中心的财务管理框架，并为企业绩效提供一整套实用的评估方法和工具，从而形成一个迅速、持续且健康发展的集团企业财务管理体系。

2.建立符合集团企业财务管理信息化的应用架构

一个高效的集团企业财务管理信息化应用框架应该面向集团企业的所有财务管理人员，并对集团企业的财务状况进行全方位的管理。通过这一应用框架，集团企业从依靠会计核算的财务管理模式转向以经营决策为核心的财务管理模式，从而在集团级别实现财务管理、预算管理和资金管理的整合。

3.建立统一、规范、严格的财务核算体系

对于集团企业来说，一个统一、规范且严格的财务核算体系构成了其财务管理的核心。集团企业中的成员企业通常是跨区域或跨国经营的，统一的财务核算体系可以在业务处理现场提供及时的系统响应，同时集团内部也可以获取业务处理现场的实时信息。

4.建立账务集中管理平台

为了满足集团企业财务管理的信息化需求，创建一个集中的财务管理平台变得至关重要。因此在构建账务集中管理平台时，必须深入考虑集团企业管理的复杂性，确保能够恰当地平衡财务管理中的集权与分权的“度”，并对子公司企业的账务制度进行集中管理，实现集团企业账务数据的整合。

5.实施全面预算管理

执行全面的预算管理策略是为了在集团企业内部实现资源的最优分配和优化财务管理流程的关键途径。企业应致力于构建标准化的全面预算指标和控制体系，通过采纳新的会计标准来加强集团企业的内部管理和业务流程，确保集团企业内部资源得到最优配置，从而全面提高集团企业的管理绩效。

6.建立资金管理解决方案，支持多种资金管理模式

企业应建立一个集团企业的资金集中管理平台和相应的资金管理方案，支持资金管理账户的分散、收支两条线、账户集中等多种资金管理模式，以实现对集团企业资金的统筹调控，提高资金的利用效率，从而达到

提升集团企业整体效益的目标。

7.建立集中报表平台

在大型企业集团里，各个级别对于信息和数据的需求并不相同。在集团企业的财务管理中，为各个层级及时且精确地提供相关的信息数据是至关重要的。在此背景下，集团总部应具备全局视野，能对集团企业的运营和管理进行实时的监督。为此，需要一个集中的报表平台，该平台能够收集各部门的数据，并根据这些数据制定符合会计标准的报告，以供集团企业总部在决策时参考。

8.制定、实施决策支持方案

随着集团企业的不断壮大和业务的持续发展，集团企业的财务业务数据呈现出几何级的增长趋势。如何最大限度地利用已有的数据来增强集团企业的竞争优势，并制定基于科学的策略，是目前众多集团企业所面对的挑战。因此需要设计一个决策支持方案，该方案能够深入挖掘和利用财务、供应链等方面的系统数据，以协助管理层从大量数据中筛选出有价值的信息。

第四节　价值链财务管理信息化应用

一、价值链财务管理信息化的主要内容

随着产业分工逐渐精细化，企业内部的各种价值创造活动逐步演变为形成上下游关系的多个企业的活动，共同创造价值。当生产某一特定产品或根据某一特定特性的产品需求时，形成的相互依赖和基础的链条关系便形成了完整的产业链。本节讨论的价值链实际上是建立在产业链之上的价值链，以价值链为基础的财务管理主要包括价值链中的成本控制、财务协同以及财务决策三部分。

（一）价值链成本控制

在价值链中，上下游的企业通过合作活动来控制成本，这样可以增强价值链的竞争力并获得额外的利润，这正是价值链的关键所在。因此在价值链中，各个企业都高度重视成本的控制。与单一企业的成本管理不同，价值链的成本控制是通过合理的供应链控制和规划来实现的，这样可以降低价值链上企业的采购成本，进一步减少价值链的总成本。

（二）价值链财务协同

价值链财务协同是指价值链上各企业间相互交换财务信息并通过网络财务平台实现线上支付。

（三）价值链财务决策

价值链财务决策涉及的主体和目标与单一企业或集团企业有所不同。尽管价值链上的企业可以根据个体价值的最大化来制定决策，但在执行这些决策时，必须充分考虑其他企业的反馈，因此价值链财务决策更多的是一种博弈性的决策方式。

二、价值链财务管理信息化的实现策略

根据价值链的特点，价值链财务管理信息化的实现策略有两种形式，即由核心企业主导和无核心企业主导。

（一）由核心企业主导的价值链财务管理

当一个企业在价值链中占据主导位置时，这意味着该企业在价值链的财务管理上具有决定性的作用。核心企业通常负责确定价值链的财务管理模型并搭建相应的财务管理平台，而参与价值链的其他企业也需要遵循核心企业设定的财务管理准则，并参与相关的交易活动。例如，某一产品的销售代理企业有权限访问该产品制造商的财务信息化平台，以便进行产品的采购、结算以及销售活动。

(二)无核心企业主导的价值链财务管理

在价值链中,如果没有企业主导,那么会实行无核心企业主导的价值链财务管理策略。这种模式的实现需要高度的信息化水平和一个稳定的信息化操作环境,例如实施数据与信息的交互标准和接口标准等。在价值链中的公司都会根据既定的准则来处理和分享信息与数据,或者是通过第三方所提供的财务管理系统来进行财务活动。

参考文献

[1]巴建华.试论信息化财务管理对饲料企业的影响及优化策略[J].经济视野,2020(12):113.

[2]曹英,江红英,陆光.产业经济与财务管理信息化[M].长春:吉林文史出版社,2016.

[3]柴慈蕊,赵娴静.财务共享服务下管理会计信息化研究[M].长春:吉林人民出版社,2022.

[4]陈良周.加强财务基础管控力度,促进信息化财务管理水平[J].财会学习,2016(17):49—50.

[5]陈柳燕.信息化财务管理在民营企业中的有效应用[J].品牌研究,2022(35):226—229.

[6]房芳,王娜,米光鑫.智能时代财务管理及其信息化[M].北京:中国商业出版社,2021.

[7]郭波.资产管理信息化与财务管理发展趋势探究[J].中国管理信息化,2019(20):47—48.

[8]郭赞伟,丁祎.企业财务管理的信息化建设研究[M].北京:北京工业大学出版社,2021.

[9]胡薇.财务管理信息化研究[M].延吉:延边大学出版社,2017.

[10]孔祥坤.智能化时代财务管理及其信息化[M].长春:吉林大学出版社,2018.

[11]李梦怡.资产管理信息化与财务管理发展趋势分析[J].中国产经,2020(2):71—72.

[12]李茜,陈晓荣,李玲玲.财务信息化管理与审计学研究[M].北京:中国商业出版社,2021.

[13]李彦兴,宋浮萍.云计算在高校财务信息化管理中的应用研究[M].

长春:吉林大学出版社,2020.
[14]凌云.财务管理与资金结算信息化[M].长春:吉林科学技术出版社,2020.
[15]刘萍.高校信息化财务管理模式的构建路径研究[J].财经界(学术版),2015(9):202,204.
[16]刘艳.精益信息化财务管理流程的构建思路[J].企业改革与管理,2015(13):33,2.
[17]龙敏.财务管理信息化研究[M].长春:吉林大学出版社,2016.
[18]司美玲.现代财务管理与会计信息化创新[M].昆明:云南人民出版社,2021.
[19]唐德菊,夏志娜,李颖.大数据财务管理与审计信息化研究[M].长春:吉林出版集团股份有限公司,2020.
[20]王崇叶.财务管理与会计信息化创新研究[M].北京:中国纺织出版社,2020.
[21]王国财.企业如何加强新型信息化财务管理的应用[J].财经界,2020(24):107－108.
[22]王欢.餐饮企业信息化财务管理及内部控制的问题及对策[J].首席财务官,2020(10):100,103.
[23]王利萍,魏佳,梅占忠.财务管理与会计信息化研究[M].长春:吉林出版集团股份有限公司,2023.
[24]王梓晨,李战奇,李钢.现代财务管理与会计信息化[M].哈尔滨:哈尔滨地图出版社,2020.
[25]温月梅,单学敏.信息化背景下财务会计管理研究[M].延吉:延边大学出版社,2023.
[26]温哲.基于信息化的财务管理再造研究[J].内蒙古电大学刊,2014(4):19－22.
[27]徐颖.大数据与企业财务管理信息化建设研究[M].长春:东北师范大学出版社,2019.
[28]许淼.资产管理信息化与财务管理发展趋势[J].大众投资指南,2021

(5):234,236.
[29]杨海波.中小企业现代财务管理信息化研究[M].北京:中国原子能出版社,2018.
[30]姚杨.资产管理信息化与财务管理发展趋势研究[J].市场周刊(理论版),2020(33):94.
[31]袁敏.企业财务管理创新与信息化协同模式研究[M].长春:吉林出版集团股份有限公司,2018.
[32]翟宁宁.中小企业现代财务管理信息化研究[M].长春:吉林出版集团股份有限公司,2018.
[33]张海涛,王成.论企业信息化财务管理[J].经济技术协作信息,2010(16):56.
[34]张杰.探究企业信息化财务管理建设策略[J].品牌研究,2022(2):62—64.
[35]张友雄.现代企业信息化财务管理存在的问题及改善建议[J].全国流通经济,2018(25):52—53.
[36]郑丽.财务与会计管理的信息化[M].北京:九州出版社,2017.
[37]支丽娟.国有企业信息化财务管理试论[J].品牌研究,2021(15):111—113.
[38]周波.对信息化财务管理的若干探讨[J].会计师,2014(11):20—21.
[39]朱德龙,冯骁,邓柯,等.财务管理创新与信息化研究[M].延吉:延边大学出版社,2018.
[40]朱红杰.信息化与财务管理创新[J].首席财务官,2015(15):88—89.
[41]朱竞.会计信息化环境下的企业财务管理转型与对策[M].北京:经济日报出版社,2019.